Genehmigte Lizenzausgabe für
Bechtermünz Verlag im Weltbild Verlag GmbH,
Augsburg 2000

Fotografie:	Foodbildagentur Eising AG
Graphische Konzeption:	Reinhard Neuß
Konzeptionelle Mitarbeit:	Pete A. Eising
Redaktion:	Angelika Schlenk, Christina Kempe
Graphische Gestaltung:	Georg Feigl, Georg Schedlbauer, Michael Knoch
Umschlaggestaltung:	Zero, München
Lithografie:	Repro-Ring, München
Druck/Bindung:	Appl, Wemding

Printed in Germany

ISBN 3-8289-1062-9

FLEISCH

Die neue große Schule

Texte und Rezepte von
Monika Kellermann

Fotografiert von
Susi und Pete A. Eising

ZABERT SANDMANN

Inhalt

Sichere Qualitätsmerkmale, richtige Auswahl der Teilstücke, fachmännisches Vorbereiten und optimale Zubereitungsmethoden – in der Warenkunde erhalten Sie umfangreiche Informationen.

Aus der klassischen Küche sind sie nicht wegzudenken: Wiener Tafelspitz, Pot au feu, Bollito misto. Die internationale Küche kennt aber noch viele andere Rezepte mit gekochtem Fleisch!

Je länger das Fleisch bei sanfter Hitze schmort, umso saftiger und aromatischer schmeckt das Gericht – ob es nun ungarisches Gulasch, Ochsenschwanzragout oder Rinderschmorbraten ist.

Schnell, abwechslungsreich und überaus raffiniert – so präsentieren sich die Pfannengerichte: variantenreiche Steaks, internationale Schnitzelkreationen, klassische Fleischpflanzerl und fernöstliche Wokgerichte!

FLEISCH – EINE LANGE GESCHICHTE

Der wichtigste Schritt auf dem Weg zur Zivilisation war die Entdeckung des Feuers und die Erkenntnis, daß man mit dessen Hilfe ein Stück rohes Fleisch in eine Delikatesse verwandeln kann. Noch immer führt die einfachste Art des Garens, das Grillen eines saftigen Steaks über heißer Glut oder das schnelle Braten eines würzigen Kalbsschnitzels in der Pfanne, zu allseits beliebten Ergebnissen. Aber dem Erfindungsgeist der Köche sind neue Garmethoden zu verdanken, wie sie für kein anderes Nahrungsmittel in dieser Vielfalt überhaupt möglich sind: Sanftes Sieden und Pochieren, aromareiches Schmoren und Dünsten, herzhaftes Braten im Ofen. So können auch die preisgünstigeren Stücke des früher besonderen Gelegenheiten vorbehaltenen Wildfleischs höchst delikat als Ragout oder »Pfeffer« serviert werden. Dank moderner Kühltechnik kann man Fleisch heute auch in seiner ursprünglichsten Form servieren: Roh als Tatar, Hackepeter oder Carpaccio.

Die kreative Fleischküche ist in allen Ländern der Welt zu Hause. Streifzüge durch die Schmortöpfe der italienischen Provinzen lohnen sich deshalb ebenso wie die durch Asiens Woks und anderer Länder Bratpfannen. Vom Minutensteak bis zum Zicklein reicht der Bogen der Rezepte, von klassisch bis exotisch ist die Auswahl.

VOM WISSEN ZUM GENIESSEN

Fleisch ist nicht nur als Braten die Krönung eines Menüs. Es läßt sich auf tausenderlei Art zubereiten und servieren: In einer gehaltvollen Brühe gargezogen wie Tafelspitz oder Bollito misto, im würzigen Bratensaft geschmort wie Gulasch oder Sauerbraten. Mit knackigem Gemüse pfannengerührt – wie es die Chinesen tun – oder fein zerkleinert und zu Knödeln geformt als Königsberger Klopse oder arabische Hackbällchen. Doch vor der kreativen Arbeit kommt der richtige Einkauf. Woran Sie Fleischqualität erkennen, wie Fleischsorten angeboten werden und welche Stücke für welche Zubereitungsart geeignet sind, erläutert ausführlich die Warenkunde. Außerdem erfahren Sie, welche Küchengeräte die Arbeit erleichtern.

Wie ein Rollbraten richtig gebunden oder eine Kalbsbrust zum Füllen vorbereitet wird, sehen Sie Schritt für Schritt im Detail. Und natürlich erfahren Sie, wie man ein Bries vorbereitet, wie der Schweinebraten seine knusprige Kruste bekommt und ein Steak beim Grillen zart und saftig bleibt.

Alle Grundrezepte werden so ausführlich in Wort und Bild beschrieben, daß auch ein Filet Wellington ohne Probleme auf Anhieb gelingt. Erfahrungen aus der Praxis und viele Tips sowie zahlreiche Rezept-Variationen helfen auch weniger Geübten dabei, raffinierte und immer wieder neue Gerichte auf den Tisch zu zaubern.

Warenkunde und Küchen- technik

Sichere Qualitätsmerkmale, richtige Auswahl der Teilstücke, fachmännisches Vorbereiten und optimale Zubereitungsmethoden – in der Warenkunde erhalten Sie umfangreiche Informationen.

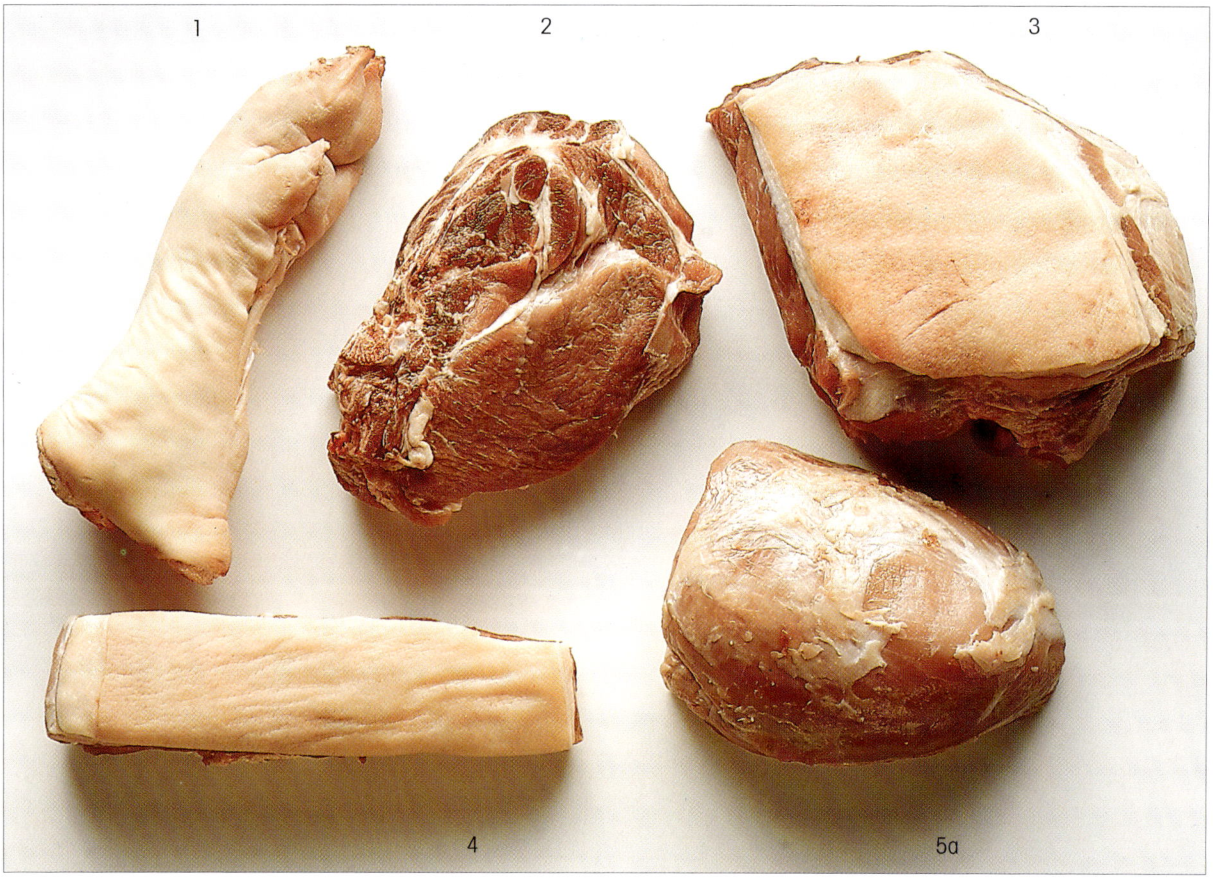

SCHWEIN

Schweinefleisch steht in der Gunst deutscher Verbraucher an erster Stelle. Das liegt sicherlich am aromatischen Geschmack, an den vielseitigen Verwendungsmöglichkeiten und nicht zuletzt am relativ günstigen Preis.

Bei allzu preiswerten Angeboten ist allerdings Vorsicht geboten! Häufig handelt es sich hierbei um extrem mageres Fleisch hochgezüchteter, streßanfälliger Tiere, in deren Gewebe sich viel Wasser eingelagert hat. Dieses wird dem Fleisch während des Garvorgangs entzogen. Das Fleischstück schrumpft und wird trotz richtiger Zubereitung zäh und trocken.
Seit Anfang 1993 ist es auf Grund der neuen EG-Richtlinien auch in Deutschland erlaubt, das Fleisch von männlichen Schweinen bis zu einem Schlachtgewicht von 80 kg in den Handel zu bringen. Bislang durfte nur das Fleisch von weiblichen und kastrierten männlichen Tieren angeboten werden, da Eberfleisch beim Erhitzen einen unangenehmen, schweiß- bis urinartigen Geruch verbreitet. Es hat aber auf Grund seiner hormonellen Anlagen einen geringeren Fettgewebeanteil als weibliche oder kastrierte Tiere und da die Nachfrage nach magerem Fleisch immer noch sehr hoch ist, werden die Tiere weiterhin gezüchtet und das Fleisch bei uns angeboten.

Schweine werden im Alter von 6 bis 8 Monaten mit einem Gewicht von ca. 100 kg geschlachtet. **Spanferkel** haben ihr Schlachtgewicht von 20 kg bereits mit etwa 2 Monaten erreicht. Dieses Fleisch ist besonders saftig und zart. Qualitativ hochwertiges Schweinefleisch erkennt man am etwas höheren Fettanteil, an einer kräftig roten Farbe und an der festen Fleischstruktur. Es schmeckt aromatisch, bleibt beim Garen zart und saftig und schrumpft nicht zusammen.
Schweinefilet, ob mager oder leicht von Fett durchzogen, enthält nach den neuesten Nährwertberechnungen nur noch 2 Prozent Fett und nicht, wie es in vielen älteren Tabellen noch zu finden ist, 12 Prozent.

Folgende Teilstücke werden frisch und teilweise auch tiefgekühlt auf dem Markt angeboten:

1. Spitzbein, Schweinefuß oder -pfote
sind zum Kochen bzw. Anreichern von Eintöpfen und durch den hohen Gelatineanteil für die Zubereitung von Sülzen geeignet; französische Spezialität: getrüffelter Schweinefuß.

2. Halsgrad, Kamm oder Nacken
Das mit Fett durchzogene Fleisch bleibt beim Grillen und Kurzbraten besonders saftig; auch zum Braten und Schmoren geeignet.

3. Schulter oder Bug
Das grobfaserige Fleisch wird mit oder ohne Fettschicht, Schwarte oder Knochen angeboten; ausgelöst, entschwartet und entfettet wird es zu

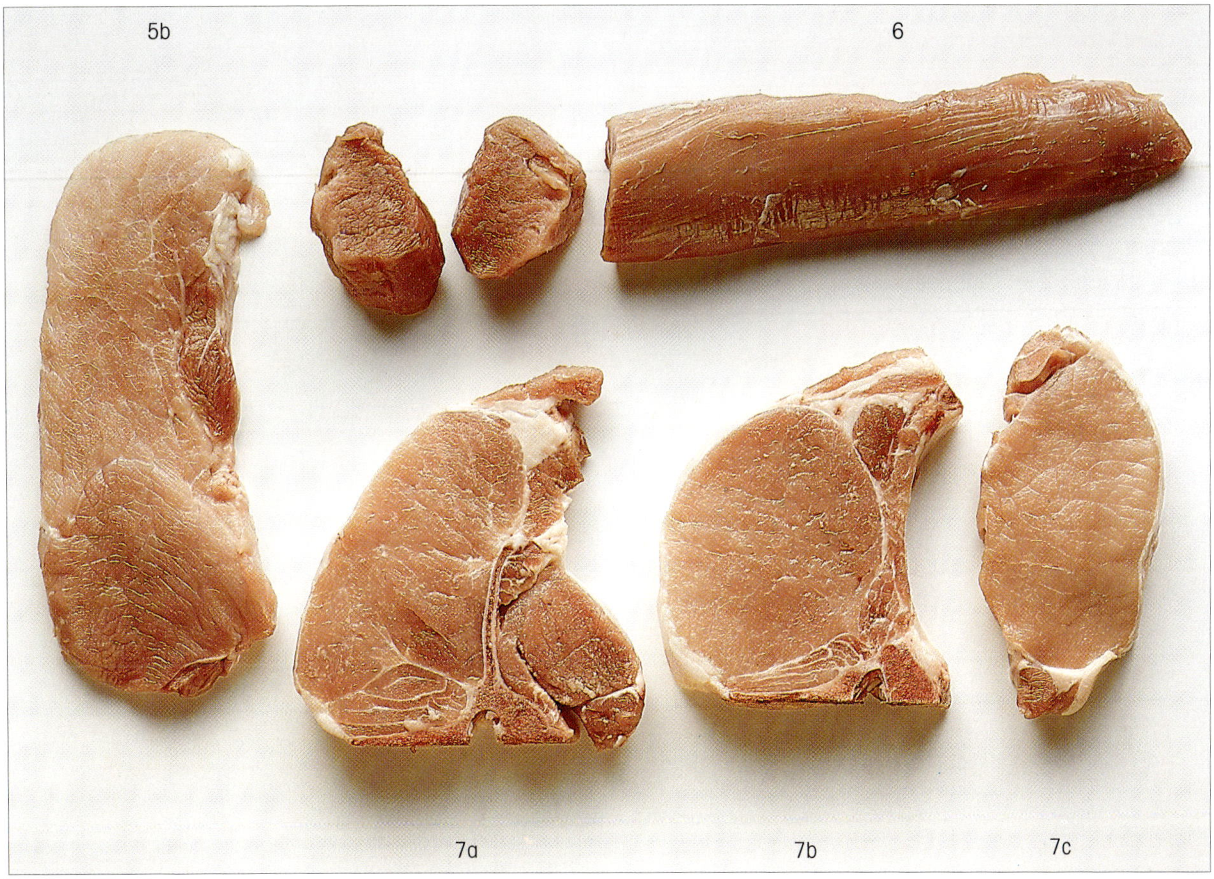

Gulasch aufgeschnitten oder zu Hackfleisch verarbeitet. Es ist besonders gut zum Braten geeignet.

4. Schweinebauch oder Wammerl
Das wegen des hohen Fettanteils besonders preiswerte Fleisch ist zum Räuchern, Braten, Grillen und Kochen geeignet. Es wird oft zu Sauerkraut, als Sülzeinlage oder auch Rollbraten angeboten.

5. Schinken oder Keule
Das magere, zarte Fleisch wird meistens in Stücke unterteilt:

5 a Nuß oder Maus
ist zum Kurzbraten und Braten gleichermaßen geeignet.

5 b Schnitzel
wird quer zur Faser aus der Oberschale (Kluft) oder Unterschale geschnitten. Es ist sehr gut zum Kurzbraten geeignet.

6. Filet oder Lende
Das sehr magere und zarte Fleisch wird im Ganzen oder in Scheiben geschnitten als Medaillons angeboten; zum Braten oder Schmoren und zum Kurzbraten geeignet.

7. Kotelettstück oder Karree
Das zarte Fleisch wird meistens in Stücke unterteilt:

7 a Filet- oder Lummerkotelett
Das Kotelettstück wird mit Filet und Knochen in Scheiben geschnitten; ideal zum Kurzbraten, Grillen oder Schmoren.

7 b Stielkotelett
Das preisgünstige Fleisch ist ideal zum Kurzbraten, Grillen oder Schmoren; es wird gepökelt zum Garziehen, gepökelt und geräuchert als Kasseler oder zum Schmoren angeboten; schmeckt gekocht, aber auch gebraten sehr gut auf Sauerkraut.

7 c Steak
Das Kernfleisch wird ausgelöst, in Scheiben geschnitten und als Steaks kurzgebraten.

7 d Schweinerücken
(ohne Abb.)
wird im Ganzen mit dem Knochengerüst oder ausgelöst als Lendenstück angeboten; zum Braten geeignet.

8. Brust, Brustspitz oder Dicke Rippe (ohne Abb.)
Das preiswerte, grobfaserige Fleisch ist zum Braten, Grillen und langsamen Garen geeignet.
Großzügig abgelöst wird das Stück auch als **Schälrippchen** angeboten und im Sommer als **Spareribs** gegrillt.

9. Rückenspeck (ohne Abb.)
Frischer Rückenspeck wird zum Spicken und Bardieren verwendet, außerdem macht er Brühen und Eintöpfe gehaltvoller. Er wird roh und geräuchert angeboten.

10. Eisbein oder Haxe
(ohne Abb.)
Das knochige, gelatinehaltige Eisbein wird meistens gepökelt angeboten.
Südlich des Mains wird die Haxe gebraten oder gegrillt, nördlich des Mains läßt man sie gepökelt garziehen.

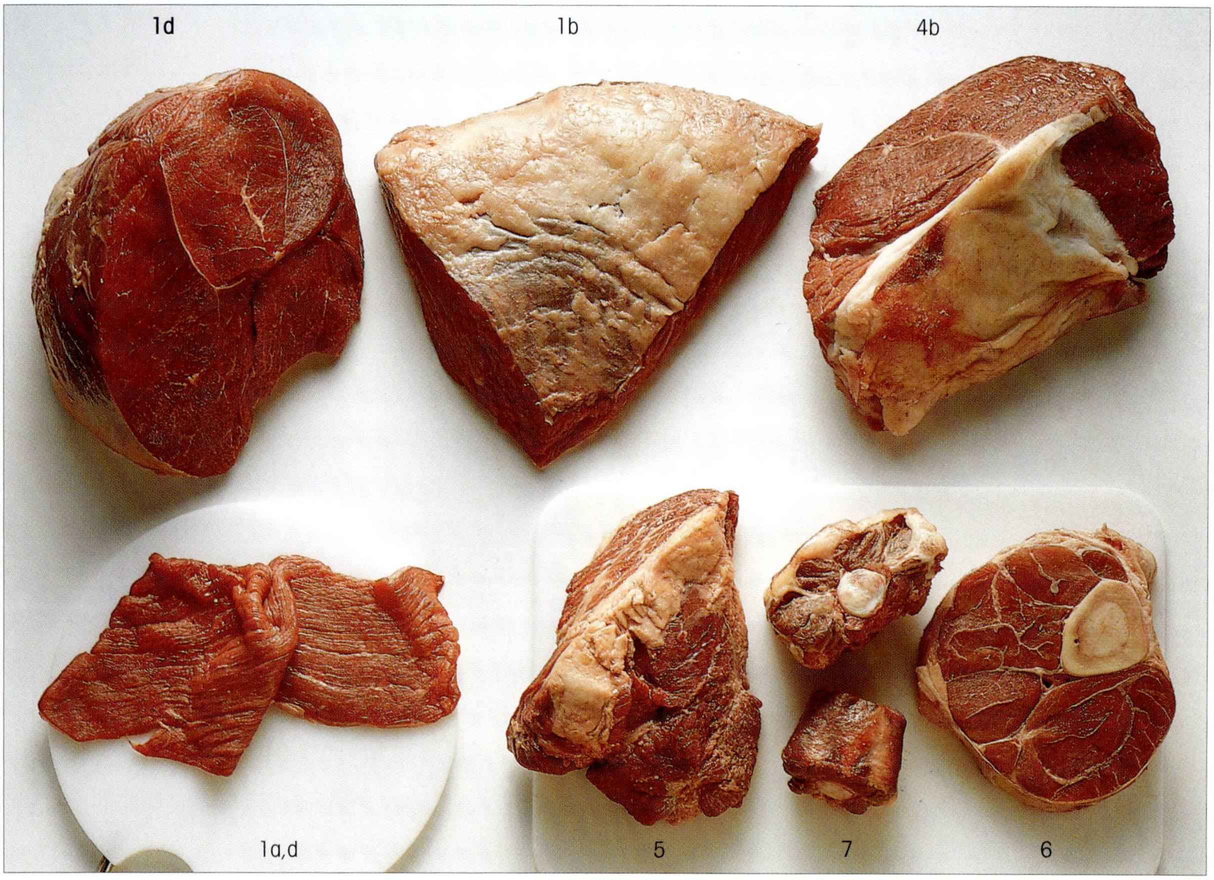

RIND

Das Fleisch von Ochsen, Färsen, Jungbullen und Kühen wird als Rindfleisch bezeichnet. Es kann von den unterschiedlichsten Rassen stammen. In Deutschland werden überwiegend Zweinutzungsrassen – also Tiere, die sowohl Milch- als auch Fleischlieferanten sind – gezüchtet. Reine Milchkühe, am bekanntesten ist die Rasse Jerseys, gibt es hier kaum noch. Die Rassen Charolais, Limousin, Aberdeen Angus oder Galloway liefern das qualitativ hochwertigste Fleisch. Verständlich ist, daß die Qualität des Fleisches, da sie von Rasse, Aufzucht und Geschlecht abhängig ist, sehr unterschiedlich ist. Hinzu kommt, daß auch die Schlachtung und ganz entscheidend der Reifeprozeß beim Abhängen einen großen Einfluß auf die Fleischqualität haben.

Den Hauptanteil des Rindfleischs, das bei uns über den Ladentisch verkauft wird, stammt von **Jungbullen** (männliche Tiere), gefolgt von **Färsen** (weibliche Tiere). Feinschmecker, die saftiges, marmoriertes Fleisch bevorzugen, entscheiden sich allerdings für **Ochsenfleisch** (kastrierte Tiere), am besten von Tieren aus der Weidehaltung. Da Ochsen ein sehr ruhiges Gemüt haben, ist diese Haltungsform möglich. Bei der Schlachtung regen sie sich bei weitem nicht so auf wie die temperamentvollen Bullen. Der Schlachtungsstreß entfällt somit, was sich sehr positiv auf die Fleischqualität auswirkt.

Während des Abhängens bildet sich Milchsäure, die dem Bindegewebe eine lockere Struktur gibt. Je mehr Zeit das Rindfleisch also zum Reifen hat, umso zarter wird es. Je kürzer die Garzeit sein soll, um so länger muß das Fleisch abhängen. Ideal wären 3 bis 4 Wochen für Filet oder Roastbeef! Üblich sind leider meistens 2 bis 3 Wochen und häufig auch noch kürzere Reifezeiten.

Darauf sollte man achten:
Das Fleisch muß matt und dunkelrot sein, beim Einschneiden eine gewisse Festigkeit und leicht glänzende Schnittflächen aufweisen und einen Fingerdruck bald wieder ausgleichen!

Folgende Teilstücke werden frisch und teilweise auch tiefgekühlt auf dem Markt angeboten:

1. Keule
Das fleischreichste Stück wird immer unterteilt in:

1 a Oberschale
wird in dünne Scheiben geschnitten und für Rouladen verwendet.

1 b Unterschale
(auch Schwanzstück genannt)
Der obere Teil ist als **Tafelspitz** überaus begehrt, das Endstück, die Schwanzrolle, wird häufig in Scheiben geschnitten, mariniert und zum Kurzbraten oder Grillen verwendet.

1 c Blume oder Hüfte
(ohne Abb.)
sehr gut zum Braten geeignet; wird eingelegt zum Schmoren, aber auch als Steak angeboten.

1 d Kugel, Maus oder Nuß
ist gut zum Braten geeignet. Aus dem Mittelstück werden Rouladen von bester Qualität geschnitten.

2. Nacken, Hals (ohne Abb.)
wird oftmals für Gulasch und Eintöpfe verwendet und ist auch zum Braten und Schmoren geeignet.

3. Hochrippe (ohne Abb.)
Das saftige Fleisch ist sehr gut zum Kochen, Braten oder Schmoren und gut abgehangen auch zum Kurzbraten geeignet.

4. Bug, Schulter
Er hat den größten Fleischanteil des Vorderviertels. Man unterscheidet:

4 a Dickes Schaufel- oder Bugstück (ohne Abb.)
für Schmor- und Sauerbraten sehr gut geeignet.

4 b Schaufelstück
für Schmor- und Sauerbraten geeignet.

4 c Falsches Filet (ohne Abb.)
wird oft gespickt oder zu Ragouts und Eintöpfen verarbeitet.

5. Brust und Spannrippe
sind als Suppenfleisch vorwiegend zum Kochen geeignet.

6. Vordere und hintere Hesse
als Beinscheibe zum Kochen oder ausgelöst für Gulasch oder Eintöpfe geeignet.

7. Ochsenschwanz
Auch die Schwänze von Bullen oder Färsen werden so bezeichnet. Ochsenschwanz schmeckt als Suppe oder Ragout vorzüglich.

8. Roastbeef
Das wertvollste Teilstück wird im Ganzen zubereitet oder als Steaks angeboten:

8 a Rumpsteak (ohne Abb.)
wird aus dem hinteren Teil des Roastbeefs geschnitten, es ist ca. 200 bis 250 g schwer.

8 b Entrecôte
wird aus dem mittleren Teil des Roastbeefs geschnitten (auch **Zwischenrippenstück**), es ist 300 bis 400 g schwer.

8 c Porterhousesteak (ohne Abb.)
ist eine Roastbeefscheibe mit Knochen- und Filetanteil und wiegt 600 bis 1000 g.

8 d T-Bone-Steak
ist das etwas kleinere Porterhousesteak mit einem Mindestgewicht von 500 g.

8 e Prime Rib (ohne Abb.) **und Rib-eye**
werden mit Knochen und Fett aus der Hochrippe geschnitten; das Rib-eye ist etwas stärker marmoriert.

9. Filet
Das teuerste Teilstück wird im Ganzen zubereitet oder als Steaks angeboten:

9 a Lendenscheiben
Die Scheiben werden aus dem Kopf des Filets geschnitten.

9 b Filetssteak
Die Scheiben werden aus der Mitte geschnitten.

9 c Châteaubriand
ist das doppelte Filetstück aus dem breiten Ende des Filets und wird im Stück von ca. 500 g gebraten.

9 d Tournedos und Filets Mignon (ohne Abb.)
werden aus dem größeren Teil der Filetspitze geschnitten.

9 e Filetspitzen
werden als Geschnetzeltes zubereitet.

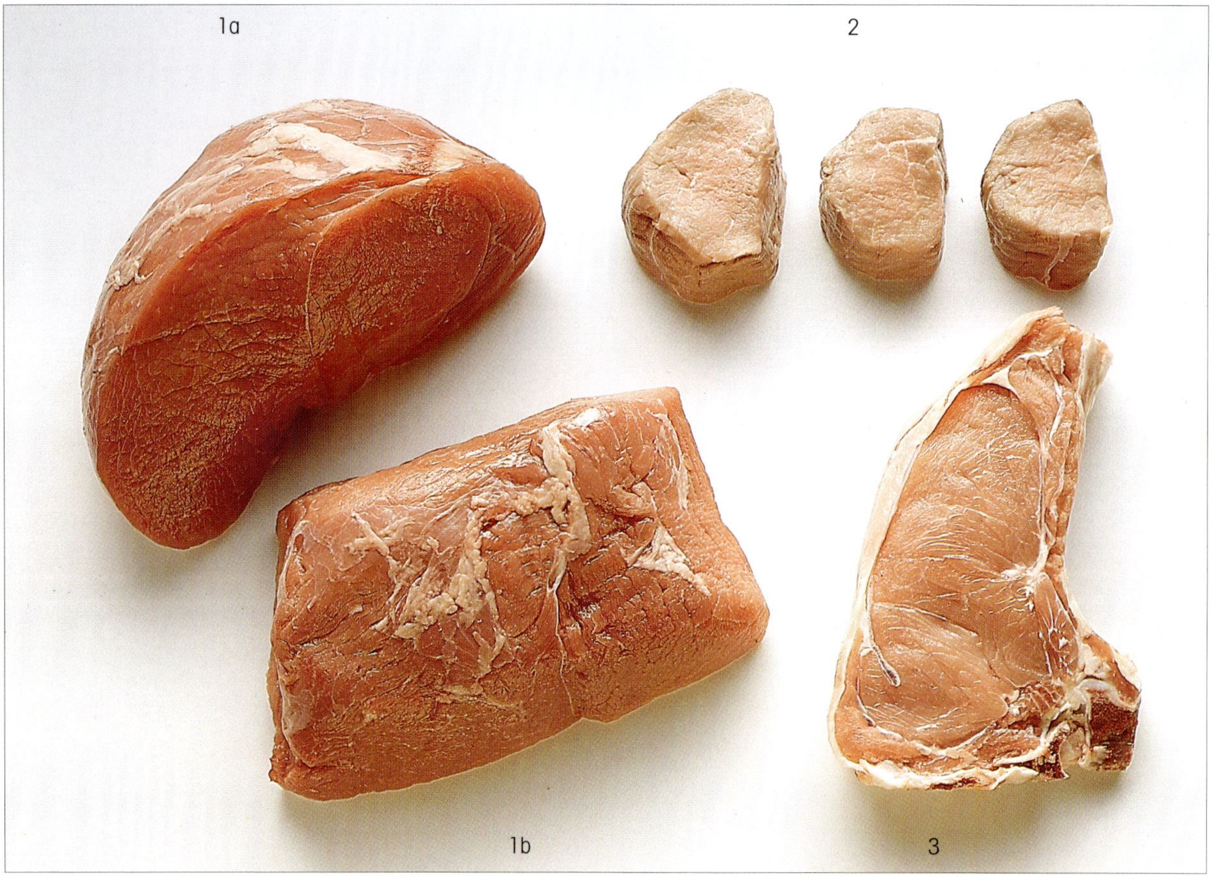

KALB

Das helle, zarte Fleisch von einem echten Milchkalb ist inzwischen zu einer äußerst seltenen Rarität geworden. Kalbfleisch stammt heute zum überwiegenden Teil von den Tieren aus Mastbetrieben. Dort werden sie nach etwa 4 Monaten mit einem Gewicht von ca. 150 kg geschlachtet. Dieses Fleisch weist eine kräftigere Farbe auf als das Fleisch von 6 Wochen alten Milchkälbern, die bis zu diesem Zeitpunkt ausschließlich mit Milch ernährt wurden.
Viele Verbraucher meinen heute immer noch, daß helles Kalbfleisch die beste Qualität besitzt. Daß aber bei Mastkälbern diese helle Fleischfarbe nur durch extrem eisenarmes Futter und eine bewegungsarme Haltung erreicht wird, wissen die wenigsten! Die Tiere sind somit auch anfälliger für Krankheiten und müssen deshalb mit Medikamenten behandelt werden. Man sollte daher dem etwas kräftiger rotem Kalbfleisch – den Tieren und seiner eigenen Gesundheit zuliebe – den Vorzug geben. Wer gerne ein echtes Milchkalb zubereiten will, sollte dies direkt vom Erzeuger beziehen.

Kalbfleisch, auch solches von Mastkälbern, ist besonders fettarm. Es wird zu meist stolzen Preisen verkauft, vor allem die edleren Teile wie das Filet oder der Schlegel. Dabei schmecken die preiswerteren Teilstücke, richtig zubereitet, oftmals wesentlich besser. Eine ideale Garmethode ist neben dem Kurzbraten das Schmoren, da dabei das zarte Fleisch Gewürze und Kräuter sehr gut aufnimmt. Die im Fleisch befindlichen Knochen und Knorpel, vor allem bei Haxen oder Brustkern, sorgen für eine äußert gehaltvolle und geschmacksintensive Sauce.

Folgende Teilstücke werden frisch und teilweise auch tiefgekühlt auf dem Markt angeboten:

1. Keule
Das größte und wertvollste Teilstück wird unterteilt in:

1 a Nuß oder Kugel
ist sehr gut zum Schmoren und Braten, aber auch für Geschnetzeltes und Schnitzel geeignet.

1 b Frikandeau der Ober- oder Unterschale
Das fast fettfreie Fleisch der Ober- oder Unterschale wird überwiegend als Schnitzel angeboten; es ist sehr gut zum Kurzbraten, aber auch für Rouladen, Geschnetzeltes oder zum Braten geeignet.

1 c Blume oder Hüfte
(ohne Abb.)
Das zarteste Fleisch der Keule wird hauptsächlich als Schnitzel und Steaks angeboten. Es ist sehr gut zum Kurzbraten geeignet.

2. Filet
Das teuerste Fleischstück des Kalbs wird vorwiegend in Scheiben geschnitten als

Kalbsmedaillons angeboten. Auch wenn man es im Ganzen brät, ist die Garzeit nur kurz.

3. Rücken bzw. Kotelettstück
Aus dem Kotelettstück werden hauptsächlich Filet- oder Stielkoteletts geschnitten und angeboten; sehr gut zum Kurzbraten, aber auch im Ganzen mit den Knochen zum Braten geeignet; mit der Niere ausgelöst bildet das Kotelettstück die Basis für den klassischen Nierenbraten.

4. Vordere und hintere Haxe
Das mit Sehnen und Knorpeln durchzogene Fleisch wird vorwiegend im Ganzen, aber auch in Scheiben geschnitten angeboten; sehr gut zum Braten und Kochen, aber auch zum Schmoren geeignet.

5. Ragoutfleisch aus der Brust
Das mit Knorpeln durchzogene Fleisch bleibt beim Schmoren besonders saftig. Da die Knorpel eine aromatische Sauce ergeben, bereitet man aus dem Fleisch bevorzugt Ragouts zu; gefüllt mit einer feinen Farce ergibt der Brustspitz einen überaus delikaten Braten.

6. Nierenbraten
wird entweder »wie gewachsen« vom Kotelettstück mit Rücken- und Rippenknochen geschnitten und mit dem angewachsenen Filet, einer Niere und der äußeren Fetthaut in einem Stück angeboten, oder beim Metzger in der Regel als Rollbraten verkauft.

7. Hals oder Nacken
(ohne Abb.)
ist sehr gut zum Braten oder Schmoren geeignet.
Da das Fleisch mit feinen Fettadern durchzogen ist, bleibt es beim Garen besonders saftig.

8. Schulter oder Bug
Der größte Teil des Vorderviertels wird unterteilt in:

8 a Dickes Bugstück
(ohne Abb.)
wird vorwiegend im Ganzen angeboten; besonders gut zum Braten geeignet.

8 b Falsches Filet, 8 c Schaufelstück, 8 d Schaufeldecke
(ohne Abb.)
Die sehnenreichen Fleischstücke werden hauptsächlich zu Ragout, Frikassee, Geschnetzeltem oder Rollbraten verarbeitet.

9. Bauch oder Dünnung
(ohne Abb.)
schmeckt am besten lange geschmort als Ragout.

WILD

Den größten Teil macht neben dem Federwild das Haarwild aus. Entscheidend für den Wohlgeschmack ist neben dem Alter der Tiere auch die Art der Jagd, wo der Schuß das Tier getroffen hat und wie es anschließend behandelt wird.

Heimisches Wild wird in folgenden Monaten frisch angeboten:

Rotwild	Juni bis Febr.
Damwild	Juli bis Febr.
Schwarzwild	Juni bis Febr.
Rehwild	Mai bis Febr.
Hasen	Okt. bis Jan.

Rehwild
- rotbraunes, feinfaseriges Fleisch mit ausgeprägt feinem Aroma
- am schmackhaftesten ist das Fleisch von Schmaltieren (weibliche Tiere im 2. Lebensjahr) und Spießböcken (männliche Tiere im 2. Lebensjahr)

Rotwild
- sehr dunkles, zartes Fleisch der Hirsche bis zu einem Alter von 2 bis 3 Jahren
- besonders geschätzt wird das Fleisch weiblicher, bis zu 2 1/2 Jahre alter Hirschkühe

Damwild
- hellrotbraunes, zartes Fleisch, das leicht mit Fett durchzogen ist
- wird heute überwiegend in Freilaufgehegen gezüchtet

Hasen
- leuchtend rotes Fleisch mit intensivem Wildgeschmack
- ein wirklicher Genuß ist das Fleisch von Wildhasen im Alter von 3 bis 8 Monaten
- werden meistens im Ganzen angeboten

Wildkaninchen
- helles, zartes Fleisch mit leicht süßlichem Geschmack
- der typische Wildgeschmack fehlt
- werden meistens im Ganzen angeboten

Schwarzwild
Das Fleisch von Keulen und Rücken bis zu 2 Jahre alter Wildschweine ist sehr saftig und schmackhaft.

Die am häufigsten angebotenen Teilstücke von Wild sind: (teilweise ohne Abb.)

1. Rücken von
a) Reh
b) Hirsch
c) Wildschwein
d) Wildhasen
e) Wildkaninchen
Der Rücken ist zum Braten, aber auch ausgelöst und in Scheiben geschnitten zum Kurzbraten geeignet.

2. Bauch und Hals
Ausgelöst und zerkleinert für Ragout geeignet.

3. Keule von
a) Reh
b) Hirsch
c) Wildschwein
d) Wildhase
e) Wildkaninchen
Die Keulen werden entweder im Ganzen mit Knochen gebraten oder entbeint zu Schnitzeln aufgeschnitten.

4. Schulter von
a) Reh
b) Hirsch
c) Wildschwein
Zum Braten oder ausgelöst für Ragout oder zerhackt für Farcen geeignet.

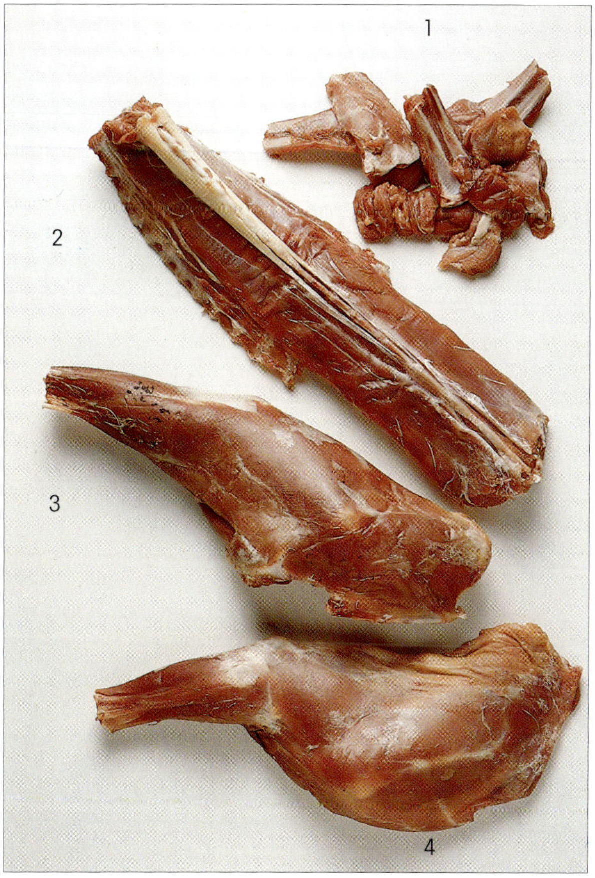

LAMM

Milchlämmer werden im Alter von weniger als 6 Monaten, junge Lämmer – auch Osterlämmer genannt – mit 2 bis 3 Monaten geschlachtet. Als **Mastlammfleisch** bezeichnet man das Fleisch von Tieren bis zu einem Alter von 1 Jahr. **Hammelfleisch** ist das Fleisch von bis zu zweijährigen, weiblichen oder kastrierten männlichen Tieren, die nicht zur Zucht verwendet werden.

1. Lammkeule
Das fettarme Fleisch wird im Ganzen, ausgelöst oder auch in Hälften zerteilt angeboten; ist sehr gut zum Braten geeignet.

2. Ragout- oder Gulaschfleisch
Lammkamm oder -nacken wird zerkleinert angeboten.

3. Lammchops
Lammrücken wird ausgelöst und in Scheiben geschnitten angeboten; zum Braten, Kurzbraten und Grillen geeignet.

4. Lammschulter
Sehr zartes und saftiges Fleisch mit hohem Knochenanteil; zum Braten, Schmoren und für Gulasch geeignet.

5. Lammbrust und Lammbauch (ohne Abb.)
Das fettreiche, mit Knorpeln und Knochen durchsetzte Fleisch ist für Eintöpfe oder Suppen, ausgelöst auch für Rollbraten geeignet.

ZIEGE

Das Fleisch von Ziegen wurde von Feinschmeckern in den letzten Jahren wiederentdeckt. Hauptsächlich zur Osterzeit kann man Ziegenfleisch nun zu einem stolzen Preis kaufen. Die Zicklein werden im Alter von 2 bis 4 Monaten geschlachtet. Sie wiegen dann zwischen 8 und 10 kg. Ziegenfleisch hat, da es von sehr jungen Tieren stammt, die nur mit Muttermilch ernährt wurden, eine sehr helle Farbe. Der Geschmack ähnelt dem des Milchlamms, allerdings ist das Fleisch noch zarter und saftiger.

1. Ragoutfleisch
Hals, Brust oder Bauch werden bereits kleingehackt angeboten und sind zum Schmoren und Kochen geeignet.

2. Ziegenrücken
Das zarte, aber sehr knochenreiche Kotelettstück wird entweder im Ganzen gebraten oder das Fleisch samt der unterliegenden Filets ausgelöst und zu einem Rollbraten zusammengebunden.

3. Ziegenkeulen
Die fleischreichen Keulen schmecken am besten im Ganzen gebraten.

HACKFLEISCH

Der Begriff »Hackfleisch« stammt noch aus einer Zeit, in der die Fleischteile mit einem großen, scharfen Messer wirklich fein gehackt wurden. Heute wird das Fleisch durch einen Fleischwolf gedreht.
Durch die feine Zerkleinerung des Fleisches entsteht für die Mikroorganismen eine viel größere Angriffsfläche, das Fleisch kann also wesentlich schneller verderben. Die gesetzlichen Bestimmungen sind deshalb besonders streng: Laut Hackfleischverordnung darf Hackfleisch nur am Tag der Herstellung innerhalb von 3 bis 4 Stunden verkauft werden. Am sichersten ist es allerdings, wenn man sich das Fleisch beim Metzger frisch durchdrehen läßt. Das Hackfleisch nach dem Kauf sofort wieder kühl stellen oder gleich verarbeiten! Gut durchgebratenes Hackfleisch hält sich im Kühlschrank maximal 2 Tage. Bei tiefgekühltem Hackfleisch unbedingt auf das Haltbarkeitsdatum achten!

Folgende Hackfleischsorten werden frisch auf dem Markt angeboten:

1. Hackfleisch oder Gehacktes

1 a vom Rind
• es wird meistens das Fleisch von Brust und Bug oder Schulter angeboten
• der Höchstfettanteil beträgt bis 20 Prozent

1 b vom Schwein und Rind gemischt
Der Höchstfettanteil beträgt bis 30 Prozent.

1 c vom Schwein
• es wird meistens das Fleisch aus Schulter oder Bug angeboten
• der Höchstfettanteil beträgt bis 35 Prozent

2. Schabefleisch oder Tatar
• rohes, fein zerkleinertes Skelettmuskelfleisch vom Rind ohne Fett und Sehnen
• der Höchstfettanteil beträgt bis 6 Prozent

3. Mett oder Hackepeter
• rohes, grob gehacktes Schweinefleisch wird mit Zwiebeln angereichert und mit Salz und Pfeffer gewürzt
• der Höchstfettanteil beträgt etwa 35 Prozent

Natürlich kann sich jeder nach eigenem Geschmack auch aus anderen Fleischsorten Hackfleisch herstellen und beliebig mischen, z. B. mit

4. Kalbshackfleisch
Meistens wird das Fleisch der Keule angeboten; es hat wenig Eigengeschmack und harmoniert gut mit Schweine- oder Rinderhack.

5. Lammhackfleisch
(ohne Abb.)
hat einen sehr intensiven Geschmack. Durch Vermischen mit Schweinehackfleisch wird der Geschmack gemindert und das magere Lammhackfleisch saftiger.

Will man rohes Hackfleisch einfrieren, sollten folgende Punkte beachtet werden:

• das Fleisch immer so frisch wie möglich einfrieren
• in kleinen, flachgedrückten Portionen in geeignete Beutel oder Behälter füllen
• luftdicht verschließen
• unbedingt das Verpackungsdatum angeben: mageres Hackfleisch hält sich bis zu 6 Monate; Hackfleisch mit einem höheren Fettgehalt muß bereits nach 2 bis 3 Monaten verbraucht werden

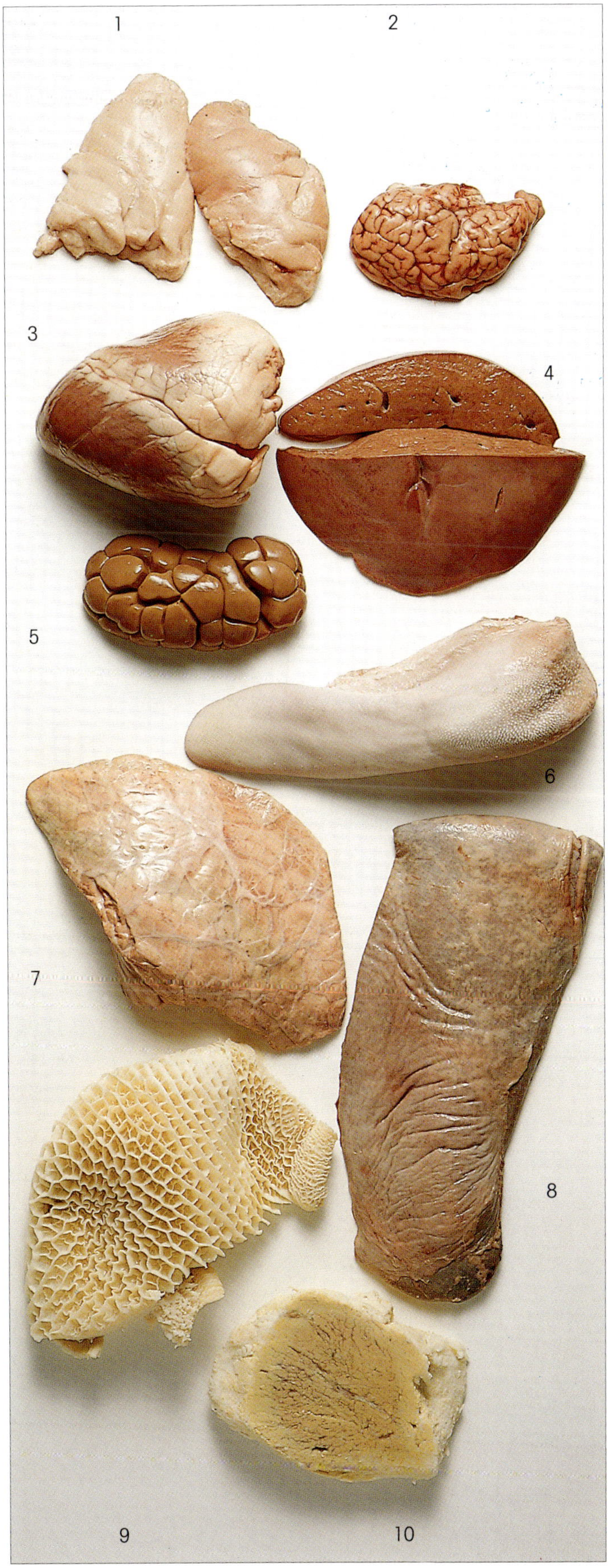

INNEREIEN

Innereien enthalten neben auffallend vielen Vitaminen, Mineralstoffen und Spurenelementen auch Cholesterin, Purine und leider auch Schwermetalle. Ein- bis zweimal im Monat kann man jedoch bedenkenlos Innereien verzehren. Man sollte aber unbedingt Innereien von jungen Schlachttieren kaufen, da diese weniger belastet und besonders zart sind!

1. Kalbsbries

- Bries nennt man die aus zwei Teilen bestehende Wachstumsdrüse junger Tiere, die sich mit zunehmendem Alter wieder zurückbildet. Das größere längliche Bries wiegt bis zu 500 g, das kleinere ist etwa 200 g schwer.
- nach dem Vorbereiten wird es gebraten, gedämpft oder gekocht

2. Hirn (Bregen oder Brägen)

- in erster Linie wird Kalbshirn angeboten
- wegen der lockeren Konsistenz muß Hirn rasch zubereitet werden (Vorsicht: kurze Garzeit!)
- nach dem Vorbereiten kann es blanchiert und gebraten oder gehackt mit Eiern vermischt zubereitet werden

3. Herz

- ist besonders fett- und kalorienarm, am zartesten sind Kalbs- und Lammherzen
- Kalbsherz in Scheiben schneiden und kurz braten oder grillen; Rinderherzen im Ganzen schmoren

4. Leber

- Kalbsleber ist sehr zart und hat ein feines Aroma; Rinderleber hat einen ausgeprägten Geschmack, der manchmal leicht bitter sein kann; Schweineleber hat eine etwas gröbere Konsistenz und einen intensiven Geschmack
- Leber sollte immer glatt und glänzend aussehen
- sie wird püriert und zu Knödel oder Pasteten verarbeitet oder kurz und nicht zu heiß gebraten

5. Niere

- am besten sind Kalbs- oder Milchlammnieren; Kalbsnieren wiegen 400 bis 500 g, Schweinenieren ca. 150 g
- nach dem Vorbereiten in Scheiben oder Stücke schneiden und braten oder grillen

6. Zunge

- Zungen von Schwein, Rind und Kalb werden frisch, gepökelt und manchmal auch geräuchert angeboten; das dickere Ende ist am zartesten
- vor jeder Art der Zubereitung muß die Zunge gekocht und gehäutet werden

7. Lunge

- sehr mageres, leuchtendrotes Fleisch; bevorzugt werden Kalbslungen, roh oder gekocht, angeboten
- es wird immer gekochte Lunge weiterverarbeitet

8. Milz

- überwiegend wird Rindermilz angeboten; sie ist mit einer dünnen Haut fest umhüllt
- Milz wird aus der Haut geschabt oder abgezogen und zu Suppeneinlagen verarbeitet

9. Kutteln

- sind die eßbaren Teile des Magen-Darm-Traktes von Wiederkäuern
- sie müssen gründlich gesäubert, gewaschen und dann weichgekocht werden

10. Euter

Bevor man die Milchdrüse der Kuh zu einem Ragout oder Spezialgerichten weiterverarbeiten kann, muß sie mindestens 5 Stunden kochen.

SINNVOLLE HILFSGERÄTE FÜR DIE FLEISCHKÜCHE

Ohne richtigen Schmortopf mit dickem Boden gelingt kein saftiger Schmorbraten, und eine schlechte Pfanne, an der alles hängen bleibt, kann das schönste Steak ruinieren. Sparen Sie deshalb nicht am falschen Platz! Qualität hat zwar meist ihren Preis, zahlt sich letztendlich aber aus.

Kochtopf
Je nach Größe der Familie sollte der Kochtopf mindestens 4 bis 8 Liter Inhalt fassen. Nur wenn Fleisch und Knochen genügend Platz haben, kann eine gehaltvolle Brühe entstehen.

Sauteuse
Die Stielpfanne mit hohem, schrägen Rand eignet sich sehr gut zum kurzen »Durchschwenken« kleiner Fleischstücke und ist ideal zum Aufschlagen von Saucen.

Pfannen
Das Angebot an Pfannen ist riesig und die Auswahl fällt schwer. Sinnvoll ist es, sich zusätzlich zu einer Stahl- oder Emailpfanne eine antihaft-beschichtete Pfanne zuzulegen. Diese Pfanne ist für die fettarme Zubereitung ideal, da wenig oder sogar kein Fett verwendet werden muß. Zudem haben Kochneulinge damit weniger Probleme, da sich in diesen Pfannen nichts anlegt. Ein Nachteil: Die Beschichtung ist nicht so lange haltbar und darf auf keinen Fall überhitzt werden.

Hackbeil
Zum Durchtrennen von Knochengelenken bei Keulen oder einem Kotelettstück.

Fleischgabel
Zum Festhalten von großen Bratenstücken während des Aufschneidens ist eine stabile Fleischgabel unerläßlich.

Großes Fleischmesser
Zum Schneiden von Schnitzeln, Einschneiden von Taschen in die entsprechenden Fleischstücke und zum Aufschneiden von großen Braten ist ein gut in der Hand liegendes, scharfes Schneidemesser nötig.

Spickmesser
Dieses Messer mit einer breiten, spitzen Klinge, die mittelspitz zugeschliffen wurde, eignet sich nicht nur vorzüglich zum Spicken, sondern auch zum Parieren diverser Fleischstücke.

Elektrisches Messer
Für gefüllte Braten, die sehr dünn aufgeschnitten werden müssen, ist ein elektrisches Messer sehr hilfreich.

Bratwender
Ein flaches, leicht elastisches Blatt mit Schlitzen erleichtert das Wenden von empfindlicheren Bratstücken und läßt gleichzeitig das Fett ablaufen. Wer mit beschichteten Pfannen arbeitet, sollte einen Bratwender aus Holz oder Kunststoff verwenden, damit die Beschichtung nicht zerkratzt wird.

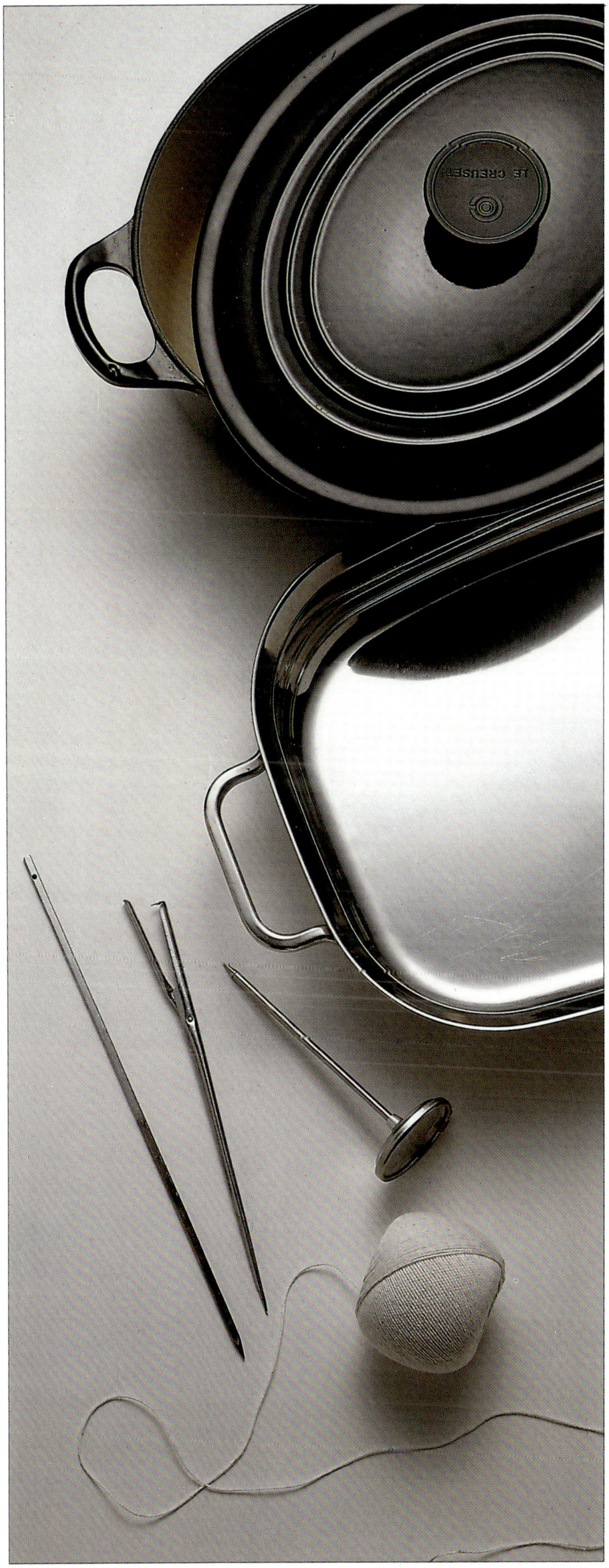

Schmortopf
Sehr wichtig ist ein dicker Thermikboden, der für eine optimale Wärmeaufnahme, -verteilung und -speicherung sorgt. Der Topf sollte unbedingt feuerfeste Griffe haben, damit Sie ihn auch in den Backofen stellen können. Achten Sie zusätzlich auf einen gut gearbeiteten Schüttrand, der für ein sauberes Ausgießen sorgt.

Bräter
Ein guter Bräter muß groß genug und für Backofen und Herdplatte gleichermaßen geeignet sein. Ob emailliert oder aus Edelstahl, das bleibt dem persönlichen Geschmack überlassen.

Schaschlikspieße
Metallspieße sind nicht nur hitzebeständiger als Spieße aus Holz, man kann sie auch immer wieder verwenden.

Dressiernadel
Eine handliche Dressiernadel erleichtert das Zunähen von gefüllten Fleischteilen.

Bratthermometer
Damit kann auch der Laie feststellen, ob der Braten durchgegart ist.

Küchengarn
Nehmen Sie zum Binden eines Rollbratens oder Zunähen von Taschen keinen Zwirn aus dem Nähkästchen, sondern besser ein reißfestes, hitzebeständiges Küchengarn.

Backpinsel
Zum Bestreichen der Fleischstücke mit Bratensaft oder Marinaden.

Spitzsieb
Zum Durchpassieren von Saucen eignet sich am besten ein Spitzsieb aus Metall. Es ist stabil, hitzobeständig und gut zu reinigen.

Spicknadel
Wer gerne gespickte Braten ißt, sollte sich eine Spicknadel anschaffen.

Rouladenklammern
Die Rouladen halten beim Schmoren gut zusammen und die Klammern lassen sich anschließend einfach entfernen.

Tranchierbrett
Am schönsten sind Tranchierbretter aus Holz, hygienischer sind sie allerdings aus Kunststoff. Auf jeden Fall muß das Brett groß genug sein, damit ein großer Braten darauf Platz findet und man das Fleisch ohne abzurutschen gut schneiden kann. Wichtig ist eine Auffangrinne für den Fleischsaft.

Abkürzungen für Maßangaben:

l, ltr	Liter
ml	Milliliter
kg	Kilogramm
g	Gramm

1000 g = 1 kg = 1 l
1 g = 1 ml = 1 ccm
Prise = die Menge, die Sie zwischen zwei Fingern halten können.

Msp.	Messerspitze
EL	Eßlöffel
TL	Teelöffel

Richtwerte für Maßangaben:
Gewicht verschiedener Lebensmittel, bezogen auf einen gestrichenen EL/TL:

Lebensmittel	1 EL	1 TL
Salz	15 g	5 g
Öl	12 g	4 g
Butter, Margarine	15 g	5 g

1 Tasse = 125 ml
1 Suppenteller = 250 ml

REHRÜCKEN PARIEREN

Damit sich das Fleisch beim Braten nicht zusammenzieht, müssen die Häute und Sehnen entfernt werden. Aus den Parüren kann man dann einen herrlichen, gehaltvollen Fond zaubern.

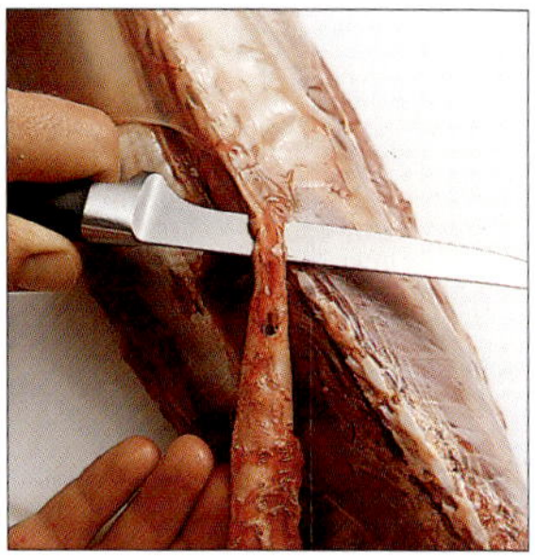

1. Locker sitzende dicke Hautteile links und rechts des Knochens entfernen.

2. Das Fleisch entlang des Mittelknochens etwas lösen, damit sich beim Braten die Hitze besser verteilen kann.

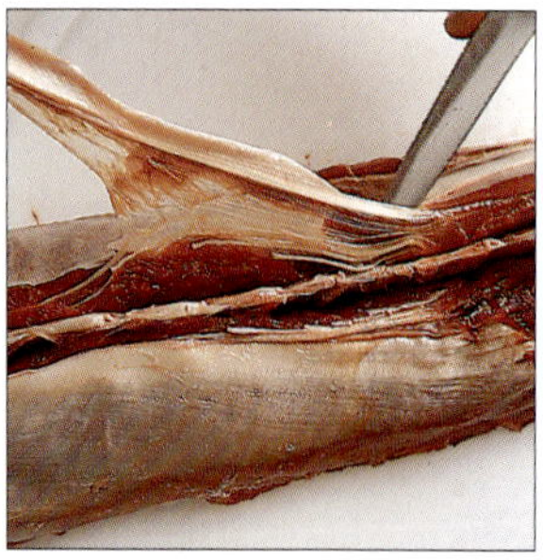

3. Die mit dem Fleisch fest verbundenen Sehnen vom Sattel zum Hals mit einem Messer vorsichtig abziehen.

SPICKEN ODER BARDIEREN

Durch das Spicken werden die Fleischfasern verletzt und der Fleischsaft kann leichter austreten. Deshalb bevorzugt man heute häufig das Umhüllen mit Speck oder mit einem Schweinenetz.

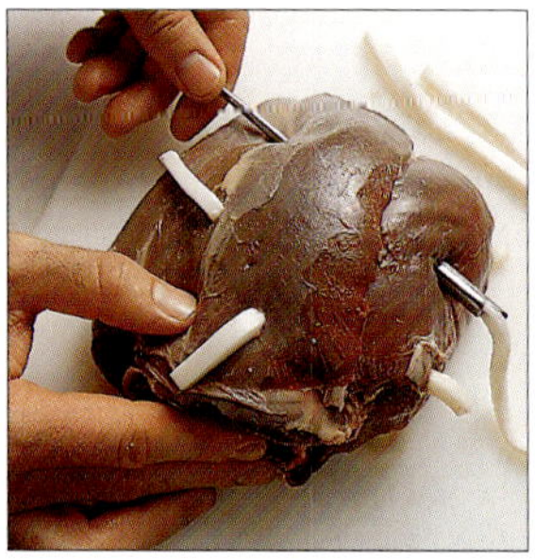

1. Speck in Streifen schneiden, mit einer Spicknadel durch das magere Fleisch ziehen. Die Enden sollen hervorschauen.

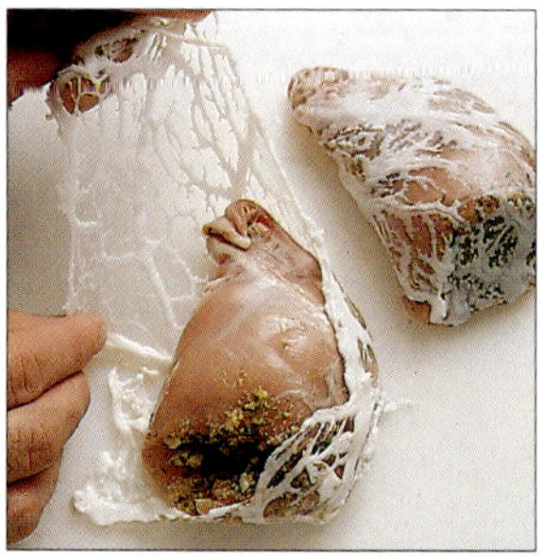

2. Schweinenetz wässern, trockentupfen und ausbreiten. Magere Fleischteile damit einhüllen.

3. Speckscheiben zurechtschneiden, um den Rand eines Filetsteaks wickeln und mit Küchengarn in Form binden.

TASCHE EINSCHNEIDEN

Mit einer feinen Farce gefüllt, wird aus den weniger wertvollen Fleischteilen wie Brust oder Bauch ein exzellenter Braten. Wichtig ist, daß man mit einem gut geschärften, großen Küchenmesser arbeitet!

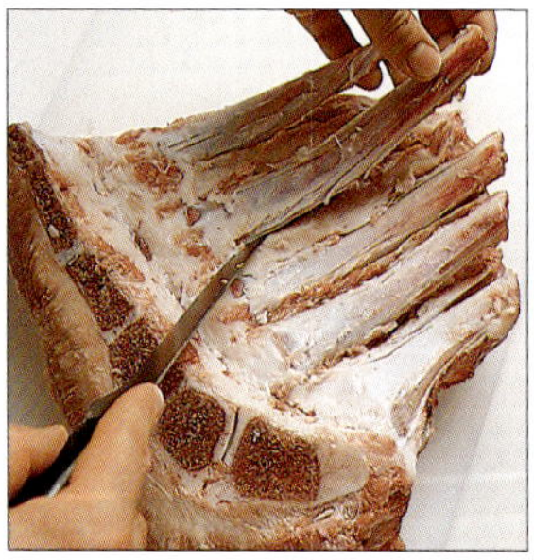

1. Die Knorpelgelenke am Brustbein und die Knochenhäute längs der Knochen einschneiden.

2. Die Knochen heraustrennen. Das Brustbein vorsichtig abtrennen, ohne dabei Fleisch und Knorpel zu verletzen.

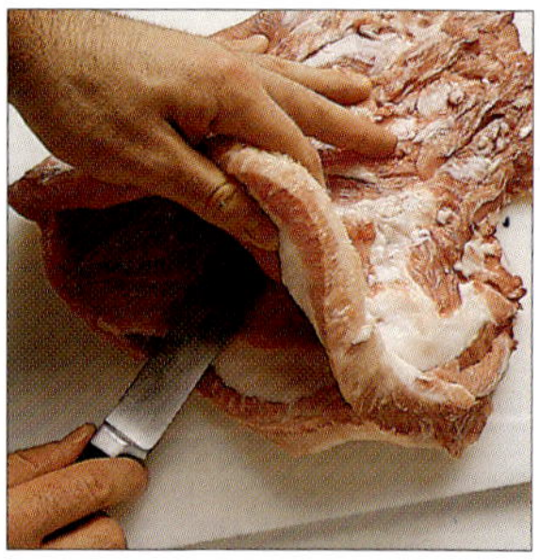

3. Mit einem Messer vorsichtig eine Tasche einschneiden, das Fleisch aber nicht durchschneiden.

ROLLBRATEN BINDEN

Die Fleischscheibe wird mit einer Füllung bestrichen und dann sorgfältig aufgerollt. Mit einem Küchengarn richtig gebunden, hält der Braten zusammen und bleibt in Form.

1. Ein flaches Fleischstück gleichmäßig mit der Farce bestreichen. Von der Schmalseite her aufrollen.

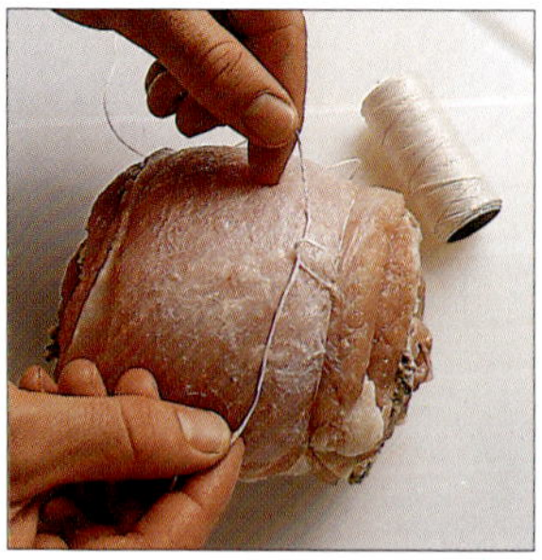

2. Um ein Ende das Küchengarn schlingen und zusammenknoten. Dabei ein Fadenende lang lassen.

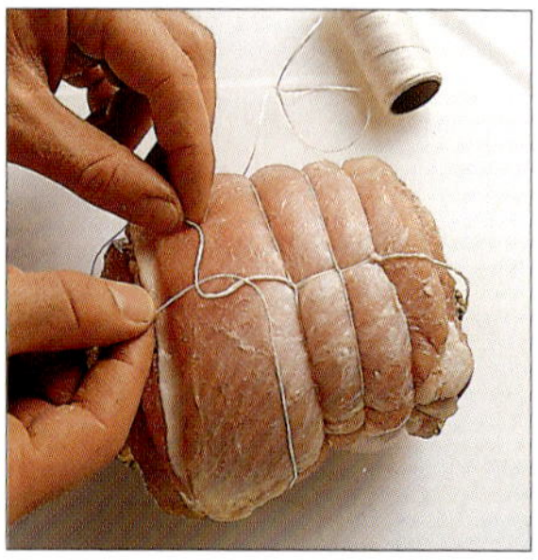

3. Mit dem langen Faden die Rolle umwickeln und an der Oberseite immer durch die sich bildende Schlinge ziehen.

SCHNITZEL KLOPFEN

Um die Fleischfasern nicht zu verletzen, wird das Fleisch mit der platten Seite des Fleischklopfers flachgeklopft. Die einzige Ausnahme ist das Wiener Schnitzel: Hier wird die gezackte Seite verwendet.

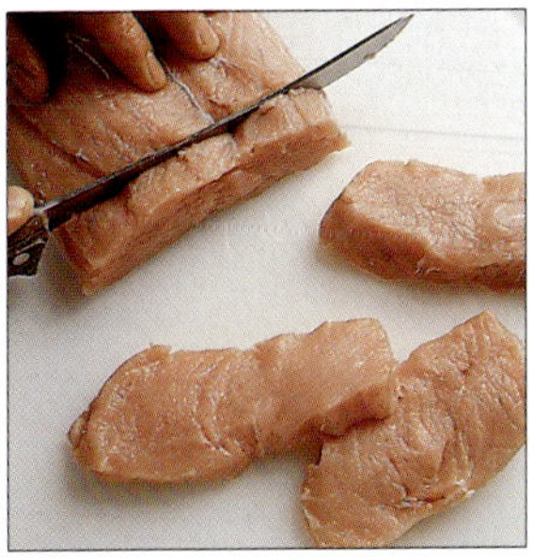

1. Schnitzel müssen, egal ob vom Rind, Schwein oder Kalb, unbedingt quer zur Faser geschnitten werden!

2. Mit der leicht gezackten Seite des Fleischklopfers die Fleischscheibe vorsichtig flachklopfen!

3. Oder die Fleischscheiben mit der platten Seite eines Hackbeils mit sanften Schlägen flachklopfen!

EINSCHNEIDEN DER HAUT

Damit sich das Fleisch beim Braten nicht wölbt oder zusammenzieht und dadurch ungleichmäßig gart, muß die Fett- bzw. Hautseite eingeschnitten werden.

1. Die Fettschicht der Lendensteaks im Abstand von etwa 2 cm mit einem spitzen Messer einschneiden.

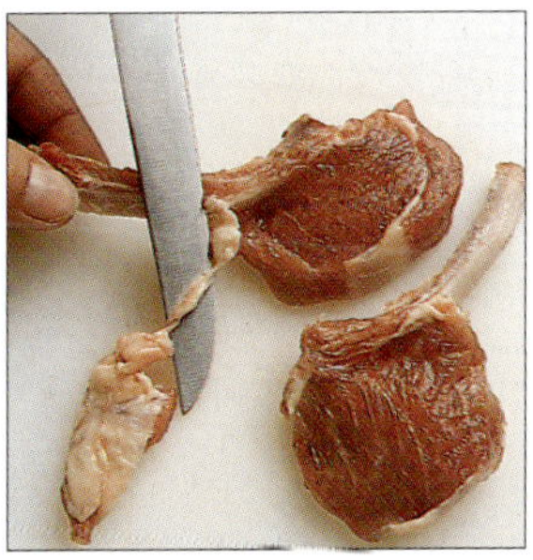

2. Bei Koteletts das Fleisch am unteren Knochenteil abschaben und ein wenig zurückschieben.

3. Die Haut des Schweinebratens rautenförmig einschneiden, damit das Fett austreten kann.

NIEREN VORBEREITEN

Nieren, am besten natürlich vom Kalb oder Milchlamm, sind eine wahre Delikatesse. Sie müssen aber unbedingt sorgfältig vorbereitet werden.

1. Die Nieren längs einschneiden. Mit einem scharfen, spitzen Messer Fett, Sehnen und Adern herausschneiden.

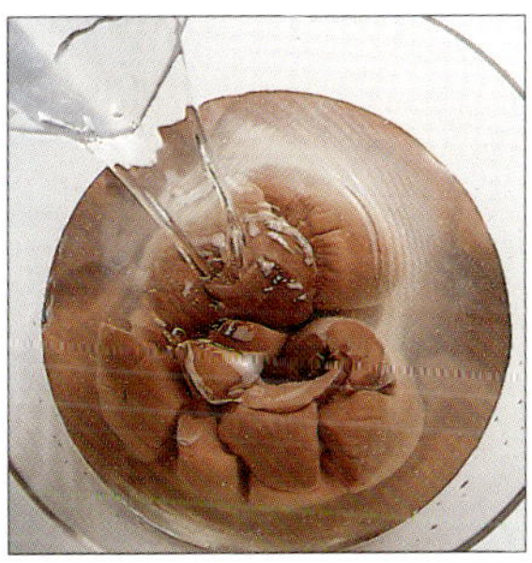

2. Die Nieren kurz abbrausen und anschließend etwa 30 Minuten in kaltes Wasser legen.

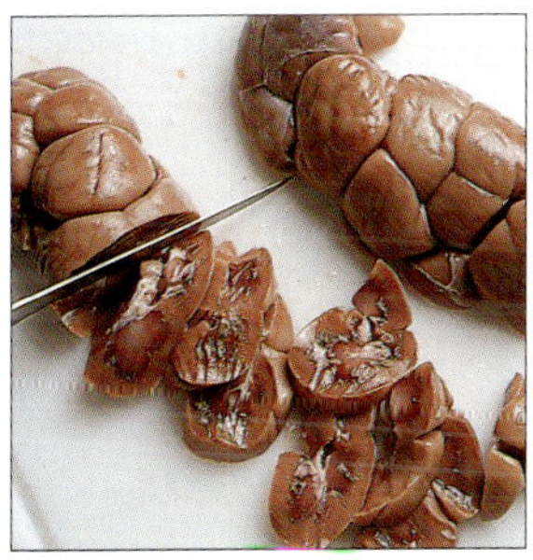

3. Herausnehmen, mit einem Küchentuch gut trockentupfen und quer in nicht zu dünne Scheiben schneiden.

BRIES UND HIRN VORBEREITEN

Bries oder Hirn zu säubern und enthäuten ist zwar Kleinarbeit, für die man etwas Geduld aufbringen muß, aber der sorgfältige Umgang mit diesen Innereien lohnt sich.

1. Grobe Blutäderchen entfernen. Einige Stunden in lauwarmes Wasser legen, zwischendurch das Wasser erneuern.

2. Innereien in einen Topf mit kaltem Wasser legen, zum Kochen bringen und 3 bis 5 Minuten ziehen lassen.

3. Häute, Sehnen und restliche Adern gründlich mit einem spitzen Messer von Bries oder Hirn entfernen.

MARINIEREN UND BEIZEN

Der Unterschied zwischen einer Marinade und einer Beize ist für viele etwas unklar. Einige meinen, daß Marinaden für die Saucen mitverwendet werden und Beizen hingegen nicht. Andere sind der Ansicht, Beizen werden immer heiß und Marinaden immer kalt zubereitet. Auf jeden Fall machen sie das Fleisch mürbe und sorgen für Geschmack. Diese Marinade reicht für 1 kg Rindfleisch.

Zubereitungszeit: 10 Minuten
Marinierzeit: 3 bis 4 Tage

1 kleine Lauchstange
1 große Möhre
8 Pfefferkörner
5 Wacholderbeeren
je 1 Rosmarin- und Thymianzweig
Schale von 1/2 Orange
3/4 l kräftiger Rotwein

1. Den Lauch und die Möhre gründlich waschen, putzen und beides in kleine Würfel schneiden.

ROULADEN FÜLLEN

Rouladen sind ein Klassiker der deutschen Küche! Und obwohl es unendlich viele Variationen von diesem Gericht gibt (siehe auch Seite 46 bis 49), am besten schmeckt immer wieder die Füllung, die man bereits von zu Hause kennt.

Für 4 Personen
Vorbereitungszeit: 20 Minuten

4 Rinderrouladen (à 160 g)
Salz
frisch gemahlener Pfeffer
2 große Zwiebeln
2 große Essiggurken
50 g in dünne Scheiben geschnittener Räucherspeck
1 EL scharfer Senf

1. Rouladen mit Frischhaltefolie bedecken, mit der platten Seite eines Hackbeils flachklopfen. Salzen und pfeffern.

PANIEREN

Das Wenden in den unterschiedlichsten Panaden verleiht Fleisch und Innereien eine knusprige Hülle und hält sie innen zart und saftig. Das bekannteste Beispiel dafür ist das Wiener Schnitzel.

Für 4 Personen
Vorbereitungszeit: 15 Minuten

4 Kalbschnitzel (à 150 g)
Salz
frisch gemahlener Pfeffer
2 bis 3 EL Mehl
2 Eier
ca. 100 g Paniermehl

1. Die Schnitzel mit einem Fleischklopfer flachkopfen und von beiden Seiten mit Salz und Pfeffer einreiben.

HACKFLEISCHTEIG

Mit Hackfleisch lassen sich die verschiedenartigsten Gerichte zubereiten. Wie es auch immer gewürzt, geformt oder zubereitet wird – Hackfleischgerichte sind in der ganzen Welt beliebt.

Für 4 Personen
Vorbereitungszeit: 20 Minuten

500 g gemischtes gehacktes Fleisch
1 Brötchen oder 50 g Weißbrot
1 große Zwiebel
1 Handvoll Petersilie
1 Ei
Salz
frisch gemahlener Pfeffer

1. Das Hackfleisch in eine Schüssel geben. Brötchen oder Weißbrot mit 1/4 l warmem Wasser begießen.

2. Pfefferkörner und Wacholderbeeren zerdrücken. Mit Gemüse, Kräutern und Orangenschale in eine Schüssel geben.

3. Mit Rotwein begießen und das Fleischstück hineinlegen. Mit Klarsichtfolie abdecken und kalt stellen.

4. Das Fleischstück jeden Tag wenden. Jede Seite muß in der Marinade gelegen haben.

5. Man kann die Marinade auch mit der gleichen Menge trockenen Weißweins oder mit Buttermilch zubereiten.

2. Geschälte Zwiebeln, Essiggurken und Räucherspeck in kleine Würfel schneiden und miteinander vermischen.

3. Die Fleischscheiben mit Senf bestreichen, die vorbereiteten Mischung gleichmäßig darauf verteilen.

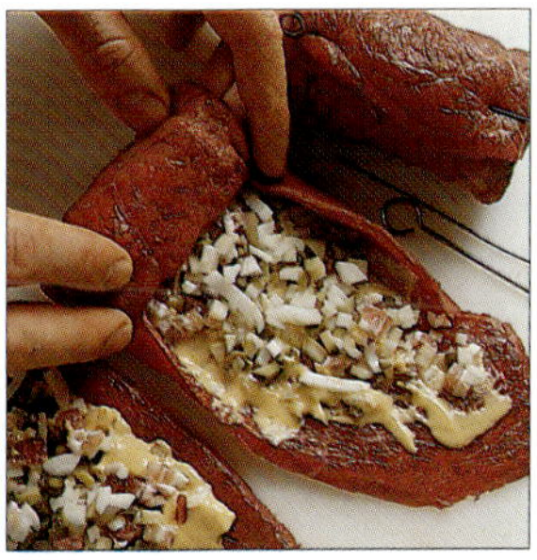

4. Jeweils die Längsseiten etwas einschlagen und die Rouladen von der Schmalseite her aufrollen.

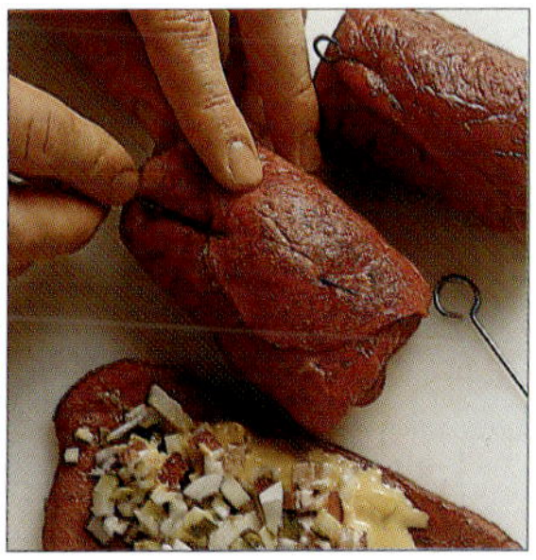

5. Die Enden mit Zahnstochern oder Metallspießen feststecken. Man kann auch Rouladenklammern verwenden.

2. In einen Teller das Mehl, in einen zweiten die verquirlten Eier und in einen dritten das Paniermehl geben.

3. Die Schnitzel nacheinander in Mehl wenden, gut abklopfen, sie sollen nur ganz leicht bemehlt sein.

4. Anschließend die Fleischscheiben – eventuell mit einer Gabel – durch die verquirlten Eier ziehen.

5. Zum Schluß die Schnitzel von beiden Seiten im Paniermehl wenden und die Brösel gut festdrücken.

2. Die Zwiebel schälen und in kleine Würfel schneiden, die Petersilie fein hacken und beides zum Fleisch geben.

3. Brötchen oder Weißbrot mit den Händen gut ausdrücken und mit dem Ei unter das Fleisch mischen.

4. Mit Salz und Pfeffer würzen und alles mit den Händen zu einer homogenen Masse verkneten.

5. Die Hände kalt abbrausen und aus dem Hackfleischteig entweder runde Fleischküchlein oder einen Laib formen.

STEAKS BRATEN

Das »auf den Punkt gebratene« Steak zählt zu den Meisterwerken der Kochkunst. Die besten Voraussetzungen für das Gelingen sind ein gut abgehangenes Rindfleisch (man erkennt es an der matten, braunroten Farbe) und die richtige Pfanne.

Für 4 Personen
Zubereitungszeit: 10 Minuten

- 2 EL Keimöl
- 4 Scheiben Rinderfilet
- (4 bis 5 cm dick)
- 2 EL flüssige Butter
- Salz
- frisch gemahlener Pfeffer

1. Die Pfanne auf die Herdplatte stellen und auf höchste Stufe vorheizen. Das Öl in die Pfanne gießen und erhitzen.

GEKOCHTE RINDERBRUST

Will man Fleisch kochen, sollte es auf alle Fälle mit dünnen Fettadern durchzogen sein! So erhält man ein saftiges Fleischstück und zusätzlich eine kräftige Brühe, die man am nächsten Tag mit herzhaften Einlagen servieren kann.

Für 4 Personen
Zubereitungszeit:
2 bis 3 Stunden

- 3 bis 4 Fleischknochen
- 1 kg Rinderbrust
- 8 Pfefferkörner
- Salz
- 2 Bund Suppengrün
- 1 Zwiebel

1. Knochen in den Kochtopf geben, mit kaltem Wasser begießen, aufkochen lassen und das Wasser wieder abgießen.

KALBFLEISCH IN WEIN GESCHMORT

Das Grundprinzip des Schmorens ist immer: Zuerst das Fleisch bei hohen Temperaturen scharf anbraten und anschließend, gut verschlossen, bei sanfter Hitze auf der Herdplatte oder im Backofen gar schmoren. Nur so können sich alle Aromen voll entfalten. Ob Sie mit Fleischbrühe, Weiß- oder Rotwein oder auch mit Milch aufgießen, hängt vom jeweiligen Rezept ab.

Für 4 Personen
Zubereitungszeit: 2 Stunden

- 800 g Kalbsnuß
- 1 Kalbsknochen
- Salz, gemahlener weißer Pfeffer
- 2 EL Keimöl, 20 g Butter
- je 2 Thymian- und Rosmarinzweige, 1 Lorbeerblatt
- 2 Fleischtomaten
- 1/2 l trockener Weißwein

1. Fleisch und Knochen unter kaltem Wasser waschen. Trockentupfen und mit Salz und Pfeffer einreiben.

KALBSNIERENBRATEN

Kalbsnierenbraten war und ist – vor allem in Bayern – immer noch ein beliebter Sonntagsbraten. Das ausgelöste Kotelettstück und die gesäuberte Niere werden mit Bauchfleisch umhüllt und gebraten. Kalbsnierenbraten gibt es auch bereits vorbereitet beim Metzger.

Für 4 Personen
Zubereitungszeit: 2 Stunden

- 1,2 kg Kalbsnierenbraten
- Salz, frisch gemahlener Pfeffer
- 2 EL Keimöl, 20 g Butter
- 1 Bund Suppengrün
- 1 Zwiebel
- 1 Estragonzweig
- 1/4 l Fleischbrühe
- 1/8 l trockener Weißwein

1. Den Backofen auf 250° C vorheizen. Das gewürzte Fleisch in erhitzem Öl und der Butter rundherum anbraten.

2. Die Filetsteaks mit einem Bratwender in das heiße Öl geben und 1 Minute scharf anbraten.

3. Wenden und die andere Seite ebenfalls 1 Minute anbraten. Dann die Hitze auf mittlere Stufe reduzieren.

4. Jede Seite weitere 2 Minuten braten! Die Steaks mit der Butter begießen und jede Seite nochmals 1 Minute braten.

5. Garprobe: Das Steak muß auf Fingerdruck nachgeben! Würzen, mit Alufolie umhüllen und 2 Minuten ruhen lassen.

2. Erneut mit kaltem Wasser bedecken. Das Fleisch zu den Knochen geben und die Brühe zum Kochen bringen.

3. Den Schaum abschöpfen. Salz und Pfefferkörner dazugeben und bei schwacher Hitze 1 1/2 Stunden sieden lassen.

4. Suppengrün waschen und kleinschneiden. Die Zwiebel schälen und halbieren und alles in die Brühe geben.

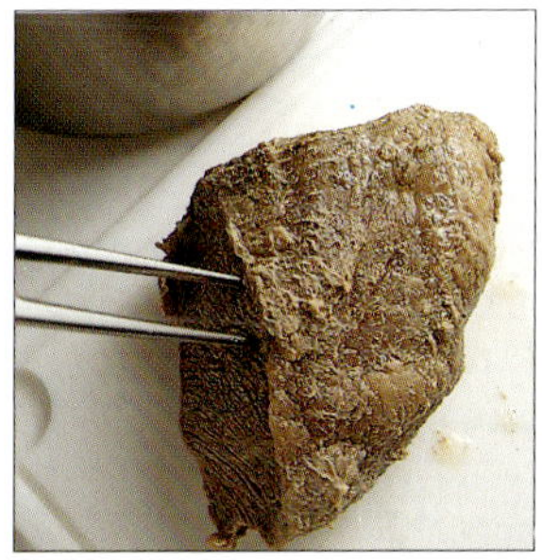

5. Noch etwa 1 Stunde bei sanfter Hitze garen lassen. Mit einer Fleischgabel prüfen, ob das Fleisch weich ist.

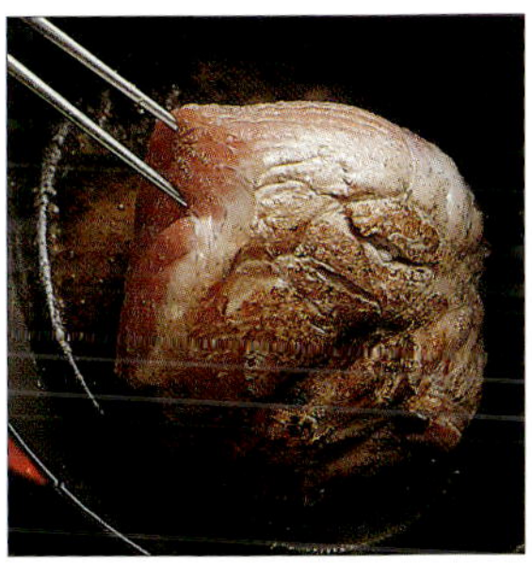

2. In einem Schmortopf Öl und Butter bei höchster Stufe erhitzen und das Fleisch darin rundherum anbraten.

3. Knochen, zusammengebundene Kräuter und die gewaschenen und geviertelten Tomaten dazugeben.

4. Kurz mitanschmoren. Mit Wein aufgießen, die Hitze reduzieren und zugedeckt 1 1/2 Stunden schmoren.

5. Das Fleisch mit Alufolie umhüllen. Die Sauce durch ein Spitzsieb passieren und sämig einkochen lassen.

2. Kleingeschnittenes Suppengrün, die geschälte und geviertelte Zwiebel und den Estragon kurz mitanschmoren.

3. Mit Brühe und Wein aufgießen und auf der unteren Schiene des Backofens ca. 20 Minuten braten lassen.

4. Den Ofen auf 180° C schalten. Den Braten zwischendurch wenden, mit dem Fond begiessen und 1 1/2 Stunden braten.

5. Fleisch herausnehmen und kurz ruhen lassen. Den Bratenfond durch ein Sieb passieren und sämig einkochen.

GARPROBE

Ein noch so gut gewürztes Fleisch schmeckt nicht, wenn es zu trocken oder zu blutig ist. Verschiedene Möglichkeiten helfen auch dem Laien, dies fachmännisch zu überprüfen!

1. Fingerprobe: Gibt das Steak auf leichten Fingerdruck nach, ist es medium. Nur noch kurz ruhen lassen!

2. Fleischgabel: Läßt sich die Fleischgabel aus gekochtem Fleisch wieder leicht herausziehen, ist das Fleisch weich.

3. Garthermometer: Zeigt das Thermometer zwischen 60° und 70° C an, ist das Fleisch gar und saftig.

GARZEITEN BEI STEAKS

Bei kaum einem anderen Gericht spielt die exakte Garzeit eine so wichtige Rolle wie beim Steak. Nachfolgend sind die drei klassischen Arten und ihre Garzeiten beschrieben.

1. Blutig – saignant – rare: Braune Kruste, innen rosa und im Kern roh. Garzeit bei 200 g pro Seite ca. 2 Minuten.

2. Rosa – à point – medium: Braune Kruste und innen rosa. Garzeit bei 200 g pro Seite ca. 3 bis 4 Minuten.

3. Durch – bien cuit – well-done: Braune Kruste und innen durchgebraten. Garzeit bei 200 g pro Seite ca. 5 Minuten.

TRANCHIEREN EINER KEULE

Fleisch bleibt immer saftiger, wenn man es mit dem Knochen brät. Dennoch scheuen sich viele aus Angst vor dem Tranchieren, eine ganze Keule zu braten. Hier sehen Sie, wie man es richtig macht.

1. Vor dem Anschneiden das Fleisch immer kurz ruhen lassen, damit sich der Fleischsaft verteilt und nicht sofort austritt.

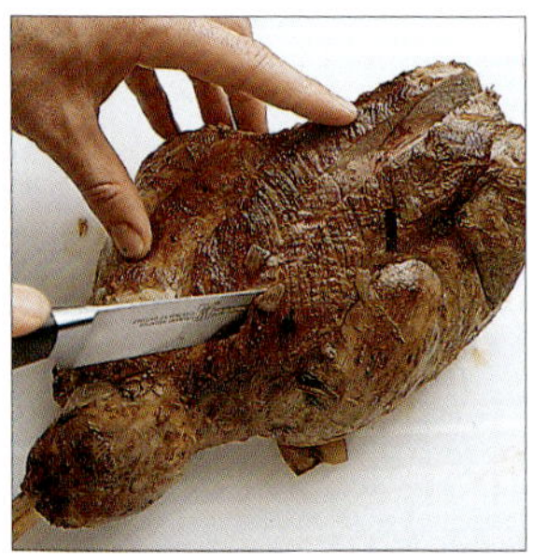

2. Mit einem großen Messer das größere Fleischteil längs vom Röhrenknochen ablösen, dann das kleinere Stück.

3. Die beiden Fleischstücke dann quer zur Faser in nicht zu dicke Scheiben schneiden.

RÜCKEN TRANCHIEREN

Das edelste Fleischstück jeden Tieres sollte auch gekonnt serviert werden – zum Beispiel auf dem Knochengerüst.

1. Das Fleisch längs entlang des mittleren Rückenknochens einschneiden und vom Knochen ablösen.

2. Nun das Knochengerüst umdrehen und die kleinen, zarten Rückenfilets vorsichtig auslösen.

3. Das Fleisch in 1 cm dicke, schräge Scheiben schneiden und auf dem Knochengerüst anrichten.

BINDEN MIT SAHNE & CO.

Etwas kalorienreicher, aber dafür besonders samtig, sind mit Crème double und Crème fraîche gebundene Saucen. Die Methode ist auch für Laien einfach, da die Sauce nicht gerinnt. Lediglich mit Sauerrahm verfeinerte Saucen dürfen nicht mehr kochen, da sonst die Eiweißstoffe gerinnen.

1. Den beim Garen entstandenen Fond durch ein Sieb passieren und zum Kochen bringen.

2. Sahne, Crème double oder Crème fraîche mit einem Schneebesen gleichmäßig unter die Sauce rühen.

3. Zum Kochen bringen und so lange kochen lassen, bis die Sauce eine sämige Konsistenz bekommt.

BINDEN MIT BUTTER-FLÖCKEN

Diese Methode ist nicht ganz einfach und erfordert ein wenig Geschick! Die cremigen Buttersaucen schmecken zwar besonders köstlich, sind aber auch ganz schön üppig.

1. Den beim Garen entstandenen Fond durch ein Sieb passieren und stark einkochen lassen.

2. Butter in kleine Stückchen schneiden und in Eiswasser legen. Den Fond von der Kochplatte nehmen.

3. Unter Schlagen mit einem Schneebesen die Butterflöckchen Stück für Stück einarbeiten (montieren).

BINDEN MIT PÜRIERTEM GEMÜSE

Ideal für Geschmack und schlanke Linie sind die mit dem mitgegarten Gemüse gebundenen Saucen. Hierzu benötigt man nur einen guten Pürierstab und ein Spitzsieb, am besten aus Metall.

1. Bei Braten und Schmorbraten am besten immer gleich zerkleinertes Suppengemüse mitgaren.

2. Das Fleisch herausnehmen und warm stellen. Fond und Gemüse mit einem Pürierstab fein pürieren.

3. Durch ein feines Spitzsieb passieren und evtl. mit Wein, Brühe oder Sahne verfeinern. Kurz durchkochen lassen.

BINDEN MIT MEHL & CO.

Kaloriensparender als Sahne oder Butter ist das Binden mit Mehlbutter, angerührter Speisestärke oder Fix-Soßenbinder.

1. Die gleiche Menge Mehl und Butter verkneten und unter Rühren in die Sauce geben. Sämig einkochen lassen.

2. Speisestärke mit kaltem Wasser anrühren, in den kochenden Fond gießen und nur einmal aufkochen lassen.

3. Fix-Soßenbinder direkt aus der Packung unter Rühren mit dem Schneebesen in die kochende Sauce streuen.

Leckeres aus dem Kochtopf

Aus der klassischen Küche sind sie nicht wegzudenken: Wiener Tafelspitz, Pot au feu, Bollito misto. Die internationale Küche kennt aber noch viele andere Rezepte mit gekochtem Fleisch!

GEKOCHTE HOHE RIPPE AUF BUNTEM GEMÜSE

Das Porterhouse-Steak, mit Knochen und Filet aus dem Roastbeef des Rindes geschnitten, ist gleichmäßig mit Fett durchzogen und eignet sich deshalb zum Kochen, Braten und Grillen gleichermaßen. Gut abgehangen liefert es bei jeder Zubereitungsart ein besonders intensives Aroma.

Für 4 Personen
Zubereitungszeit: 1 1/2 Stunden

- 1 Porterhouse-Steak (ca. 1 kg)
- je 2 Mark- und Fleischknochen
- 1 große Zwiebel
- Salz, 6 Pfefferkörner
- 3 bis 4 Lorbeerblätter
- 2 Thymianzweige
- 2 l Wasser
- 1 Bund junge Möhren
- 1 Bund junge Frühlingszwiebeln
- 250 g junge Zuckerschoten

Für die Hollandaise:

- 200 g Butter
- 2 kleine Eigelb, 4 EL Brühe
- 1 Handvoll Kerbelzweige
- gemahlener weißer Pfeffer
- Saft von 1/2 Zitrone

1. Fleisch und Knochen unter fließend kaltem Wasser waschen und trockentupfen.
2. Einen großen Kochtopf auf der Kochplatte stark erhitzen. Zwiebel halbieren, mit den Schnittflächen auf den Topfboden legen und rösten. Die Knochen, Salz, Pfefferkörner, Lorbeerblätter und den Thymian dazugeben, mit dem kalten Wasser begießen und zum Kochen bringen.
3. Das Steak in die kochende Brühe legen, die Hitze reduzieren und das Fleisch darin in etwa 1 Stunde gar ziehen lassen.
4. In der Zwischenzeit das Gemüse waschen. Möhren schälen und nur einen Teil des Grüns entfernen. Von den Frühlingszwiebeln die Wurzeln und das hintere grüne Ende entfernen. Die Enden der Zuckerschoten abknipsen.
5. Das Fleisch mit einem Schaumlöffel etwas aus der Brühe heben und prüfen, ob es weich ist. Es muß bei leichtem Fingerdruck nachgeben. Dann aus der Brühe nehmen und mit Alufolie umwickeln. Das Gemüse in die Brühe geben und etwa 10 Minuten darin garen.
6. Währenddessen für die Hollandaise die Butter zerlassen. Eigelb und Brühe in einer Metallschüssel im warmen Wasserbad schaumig schlagen. Die Butter klären und langsam darunterrühren. Bis auf einige Blättchen den Kerbel hacken und daruntermischen. Mit Salz, Pfeffer und Zitronensaft abschmecken.
7. Das Gemüse aus der Brühe heben und mit dem Fleisch anrichten. Mit etwas Fleischbrühe begießen und mit der Sauce und den Kerbelblättchen servieren.

Pro Person:
Kalorien (kcal) 1120
Eiweiß (g) 54
Fett (g) 87
Kohlenhydrate (g) 17

Die Garzeit verkürzt sich, je besser das Porterhouse-Steak abgehangen ist. Daher zwischendurch unbedingt Garproben durchführen!

Fleisch vorbereiten
Fleisch und Knochen kalt abwaschen und trockentupfen. Den Kochtopf auf die Kochplatte stellen und stark erhitzen. Die Zwiebel halbieren, mit den Schnittflächen auf der Topfboden legen und rösten. Knochen und Gewürze dazugeben und mit kaltem Wasser begießen.

Fleisch gar ziehen lassen
Das Wasser bei starker Hitze zum Kochen bringen. Das Steak hineinlegen und das Fleisch bei schwacher Hitze gar ziehen lassen. Die Brühe darf dabei nur simmern, nicht kochen!

Gemüse vorbereiten
Gemüse waschen. Möhren schälen, ein Teil des Grüns daranlassen. Von den Frühlingszwiebeln die Wurzeln und das hintere grüne Ende entfernen. Die Enden der Zuckerschoten abknipsen.

Garprobe durchführen
Das Steak aus der Brühe heben. Wenn das Fleisch gar ist, muß es bei leichtem Fingerdruck nachgeben. Dann in Alufolie wickeln und ruhen lassen. Das Gemüse in die Brühe geben und in etwa 10 Minuten gar kochen.

Hollandaise aufschlagen
Butter zerlassen und klären. Die Eigelb mit der Brühe in einer Metallschüssel im Wasserbad schaumig schlagen. Dann die Butter langsam dazugeben. Mit gehacktem Kerbel, Salz, Pfeffer und Zitronensaft abschmecken.

POCHIERTES RINDERFILET

Für 4 Personen
Zubereitungszeit: 50 Minuten

je 2 Mark- und Fleischknochen
1 Bund Suppengrün
1 Zwiebel
Salz
6 Pfefferkörner
1 1/2 l Wasser
800 g Rinderfilet aus dem Mittelstück
Für die Sauce:
2 EL Schalottenwürfel
20 g Butter
1/8 l trockener Weißwein
1 EL Fix-Soßenbinder, hell
2 Eigelb
2 EL gehackte Frühlingskräuter

1. Knochen und Suppengrün waschen, die Zwiebel schälen und halbieren. Zusammen mit Salz und Pfefferkörnern in einen Topf geben, mit dem Wasser begießen und 30 Minuten köcheln lassen.
2. Das Rinderfilet dazugeben und je nach Dicke etwa 15 bis 20 Minuten gar ziehen lassen.
3. Schalottenwürfel in der Butter glasig dünsten, mit Wein und 1/8 l Fleischbrühe aufgießen, mit Fix-Soßenbinder andicken und mit Eigelb legieren. Kräuter dazugeben.

Pro Person:
Kalorien (kcal) 345
Eiweiß (g) 41
Fett (g) 16
Kohlenhydrate (g) 3

GEKOCHTER GEPÖKELTER SCHWEINEHALS

Für 4 Personen
Zubereitungszeit: 2 Stunden

800 g gepökelter Schweinehals
1 Zwiebel
2 Lorbeerblätter
4 Gewürznelken
4 zerdrückte Wacholderbeeren
6 Pfefferkörner
1/2 Bund Petersilie
2 l Wasser

1. Den Schweinehals waschen und in einen Kochtopf legen. Die Zwiebel schälen und mit Lorbeerblättern und Nelken spicken. Mit Wacholderbeeren, Pfefferkörnern und Petersilie zum Fleisch geben und mit kaltem Wasser begießen.
2. Zum Kochen bringen, dann die Hitze reduzieren und den Schweinehals etwa 1 1/2 Stunden garen.
3. Das Fleisch in Scheiben schneiden und mit Sauerkraut und Röstkartoffeln servieren.

Pro Person:
Kalorien (kcal) 450
Eiweiß (g) 37
Fett (g) 30
Kohlenhydrate (g) 0

POCHIERTES SCHWEINEFILET MIT GEMÜSEJULIENNE

Für 4 Personen
Zubereitungszeit: 30 Minuten

- 1/2 l Gemüsebrühe
- 1/4 l trockener Weißwein
- Salz, 6 Pfefferkörner
- 1 Estragonzweig
- 2 Schweinefilets (à ca. 350 g)
- je 150 g Knollensellerie, Möhren und Lauch
- 100 g eiskalte Butter
- 1 Bund Schnittlauch

1. Brühe und Wein zum Kochen bringen. Die Gewürze hinzufügen. Das Fleisch in die kochende Brühe legen. Bei schwacher Hitze 10 bis 12 Minuten pochieren.

2. Das Gemüse waschen, putzen und in sehr feine Streifen schneiden. Das Fleisch aus der Brühe nehmen und in Alufolie wickeln. Das feingeschnittene Gemüse 4 bis 5 Minuten in der Brühe garen.

3. Das Fleisch in Scheiben schneiden und auf dem Gemüse anrichten. 200 ml der Fleischbrühe mit Butterflöckchen binden (siehe Seite 29) und mit dem feingeschnittenen Schnittlauch darüber verteilen.

Pro Person:
Kalorien (kcal) 580
Eiweiß (g) 37
Fett (g) 42
Kohlenhydrate (g) 6

GEKOCHTE LAMMSCHULTER

Für 4 Personen
Zubereitungszeit: 1 1/2 Stunden

- 2 bis 3 Knoblauchzehen
- 1 Zwiebel
- 1 Bund Suppengrün
- je 1 Thymian- und Rosmarinzweig
- 1 kg Lammschulter
- Salz
- frisch gemahlener Pfeffer
- 1 1/2 l Wasser
- 1 Wirsingkohl (ca. 800 g)
- 40 g Butter
- 2 EL gehackte Petersilie

1. Die Knoblauchzehen und die Zwiebel schälen. Zusammen mit dem Suppengrün, den Kräutern und dem Fleisch in einen Topf geben. Mit Salz und Pfeffer würzen und dem Wasser begießen. Zum Kochen bringen und 1 Stunde bei sanfter Hitze köcheln lassen.

2. Den Wirsing putzen und in Würfel schneiden. Das Fleisch aus dem Topf nehmen, die Brühe durch ein Sieb gießen und 1/2 l davon erneut erhitzen.

3. Den Wirsing und das Fleisch hineingeben und zugedeckt bei mittlerer Hitze 20 Minuten garen lassen.

4. Das Fleisch in Scheiben schneiden. Butter und Petersilie unter das Gemüse mischen.

Pro Person:
Kalorien (kcal) 770
Eiweiß (g) 51
Fett (g) 54
Kohlenhydrate (g) 9

WIENER TAFELSPITZ

Der Tafelspitz ist eine österreichische Spezialität, die sich auch in Deutschland großer Beliebtheit erfreut. Die Hausfrauen in Österreich verwenden statt des teuren Tafelspitz oft Hieferscherzel, Krustelspitz oder Kavaliersspitz – das sind spezielle Teilstücke aus der hinteren Keule.

Für 4 Personen
Zubereitungszeit: 2 1/2 Stunden

- 800 g Rindfleisch aus der Keule (Tafelspitz aus der Unterschale)
- 500 g Fleischknochen
- 1 Zwiebel
- 8 Pfefferkörner
- Salz
- 2 l Wasser
- 1 Petersilienwurzel
- 2 Möhren
- 2 Selleriestangen
- 1 Lauchstange
- 1/2 Meerrettich
- 1 Bund Schnittlauch

1. Fleisch und Knochen unter kaltem Wasser waschen.
2. Einen großen Kochtopf auf der Kochplatte stark erhitzen. Die Zwiebel halbieren, mit den Schnittflächen auf den Topfboden legen und rösten.
3. Knochen und Pfefferkörner dazugeben, salzen und mit Wasser begießen. Zum Kochen bringen und den dabei entstehenden Schaum abschöpfen.
4. Das Fleisch in die kochende Brühe geben. Die Hitze reduzieren und das Rindfleisch in etwa 1 1/2 Stunden gar ziehen lassen. Die Brühe darf dabei nicht kochen!
5. Das Gemüse putzen und in dicke Scheiben schneiden. Nach der Hälfte der Garzeit in die Brühe geben.
6. Den Meerrettich schälen und grob reiben, den Schnittlauch fein schneiden.
7. Das Fleisch aus der Brühe nehmen und kurz ruhen lassen. In Scheiben schneiden und mit dem Gemüse auf Tellern anrichten. Mit heißer Brühe begießen, mit Schnittlauch bestreuen und den Meerrettich dazu reichen.
Zum echten Wiener Tafelspitz werden Röstkartoffeln serviert.

Pro Person:
Kalorien (kcal) 330
Eiweiß (g) 43
Fett (g) 14
Kohlenhydrate (g) 2

Wem der frisch geriebene Meerrettich zu scharf ist, kann auch »Apfelkren« dazu servieren (»Kren« heißt der Meerrettich in Österreich): Dafür 1 Apfel mit der Schale reiben, mit etwas Zitronensaft beträufeln und mit 2 EL ungesüßter Schlagsahne und je nach gewünschter Schärfe 1 bis 2 EL frisch geriebenem Meerrettich verrühren. Mit Salz und weißem Pfeffer würzen.

GESCHICHTETES RINDFLEISCH MIT KRÄUTERN

Dieses Rezept entstammt einem Kochbuch aus dem Jahre 1691. Erstaunlich, wie selbstverständlich man damals bereits mit Kräutern und exotischen Gewürzen, z. B. Ingwer oder Zitronenschale, umging. Durch das langsame Garen bei geringer Hitze können die feinen Aromen in die dünnen Fleischscheiben eindringen und sich voll entfalten.

Für 4 Personen
Zubereitungszeit: 1 1/2 Stunden

800 g Rindfleisch aus der Hüfte (Blume)
1 große Zwiebel
je 3 Rosmarin-, Thymian- und Majoranzweige
1 Bund glatte Petersilie
etwa 2 cm frische Ingwerwurzel
abgeriebene Schale von 1/2 unbehandelten Zitrone
1/4 l heiße Fleischbrühe
5 bis 6 Estragonblätter
2 Eigelb
4 EL Sahne

1. Das Rindfleisch am besten gleich beim Metzger in 1/2 cm dicke Scheiben schneiden lassen.
2. Die Zwiebel schälen und in kleine Würfel schneiden. Die Blättchen von den Kräuterzweigen zupfen, einige für die Garnitur beiseite legen, den Rest mit der Petersilie fein hacken. Die Ingwerwurzel schälen, in feine Streifen schneiden und mit Zitronenschale, den Kräutern und den Zwiebelwürfeln vermischen.
3. Die Fleischscheiben und die Kräutermischung abwechselnd in einen Topf schichten.
4. Mit der Fleischbrühe begießen und im geschlossenen Topf bei schwacher Hitze in knapp 1 Stunde gar ziehen lassen.
5. Die Brühe in einen zweiten Topf abgießen. Die Estragonblätter fein hacken, dazugeben und kurz durchkochen lassen.
6. Eigelb und Sahne verquirlen und unter Rühren in die heiße Fleischbrühe einlaufen lassen. Erhitzen, aber nicht mehr kochen lassen, damit die Sauce nicht gerinnt.
7. Die Fleischscheiben mit den restlichen Kräuterblättchen bestreuen und mit der Sauce begießen. Mit Salzkartoffeln servieren.

Pro Person:
Kalorien (kcal) 580
Eiweiß (g) 38
Fett (g) 42
Kohlenhydrate (g) 3

Estragon immer erst am Ende der Garzeit dazugeben, da das feine Aroma des Krautes durch zu langes Kochen unangenehm bitter wird!

POT AU FEU

Schon Asterix und Obelix aßen nicht nur Wildschweine! In einem großen Kessel, der über einem Feuer hing, wurde in dem gallischen Dörfchen Fleisch, Hühner und mancherlei Gemüse zusammen gekocht. Auch heute ist Pot au feu noch ein beliebtes Essen in französischen Bistros. Es wird immer in zwei Gängen serviert – erst die aromatische Brühe mit Weißbrot, das mit Mark bestrichen wird, dann das Fleisch mit dem Gemüse!

Für 6 Personen
Zubereitungszeit:
3 bis 4 Stunden

- 500 g Ochsenbrust oder -beinscheibe
- 1 kg Ochsenfleisch aus der Hüfte (Blume)
- 300 g Fleischknochen
- 1 große Zwiebel
- je 1 Rosmarin- und Thymianzweig, 1 Lorbeerblatt
- Salz, 8 Pfefferkörner
- 4 l Wasser
- 1 Bund junge Möhren
- 3 kleine Lauchstangen
- 6 Selleriestangen
- 4 Markknochen
- 6 Scheiben französisches Weißbrot

1. Fleisch und Knochen unter kaltem Wasser waschen.
2. Einen großen Kochtopf auf der Kochplatte stark erhitzen. Die Zwiebel halbieren, mit den Schnittflächen auf den Topfboden legen und rösten.
3. Fleischknochen, Brust oder Beinscheibe sowie die Kräuter, Salz und Pfefferkörner in den Topf geben. Mit Wasser begießen, langsam erhitzen und den entstehenden Schaum mit einer Schöpfkelle abschöpfen.
4. Sobald die Brühe zu kochen beginnt, das restliche Fleisch einlegen und die Hitze reduzieren. Mindestens 3 Stunden bei schwacher Hitze gar ziehen lassen.
5. Die Möhren schälen. Vom Lauch die Wurzeln und das hintere grüne Ende entfernen, halbieren und mit den Selleriestangen waschen. Gemüse kleinschneiden und mit den Markknochen 30 Minuten vor Ende der Garzeit in die Brühe geben.
6. Sobald alles gar ist, das Gemüse und Fleisch mit einem Schaumlöffel aus dem Topf heben. Auf einer tiefen Platte anrichten und mit etwas Brühe begießen.
7. Die Fleischbrühe durch ein Sieb gießen und als ersten Gang servieren. Die Weißbrotscheiben rösten, mit dem Mark der Markknochen bestreichen und dazu reichen.
8. Anschließend wird das in Scheiben geschnittene Fleisch mit dem Gemüse serviert. Salzkartoffeln sind eine ideale Beilage.

Pro Person:
Kalorien (kcal) 810
Eiweiß (g) 50
Fett (g) 50
Kohlenhydrate (g) 28

In Frankreich reicht man auch süß-saures Gemüse, in Essig eingelegte Kirschen oder Pflaumen und diverse Sorten Senf dazu.

BOLLITO MISTO

Dieses Gericht ist die etwas kalorienreichere italienische Version des französischen »Pot au feu«. Fast jede Familie hat ihr eigenes überliefertes Rezept. In manchen Gegenden Italiens wird auch gerne ein gefüllter Schweinefuß und Schweinsbratwürste mit viel Knoblauch mitgekocht. Auf keinen Fall darf die »Salsa Verde«, die grüne Sauce, fehlen.

Für 6 bis 8 Personen
Zubereitungszeit: 2 1/2 Stunden

- 600 g Rinderbeinscheibe
- 2 Kalbsknochen
- 3 EL Salz, 8 Pfefferkörner
- 1 Lorbeerblatt, 4 l Wasser
- 1 Kalbszunge
- 1 Hähnchen (ca. 1,2 kg)
- 1 Rosmarinzweig
- 600 g Kalbfleisch aus der Unterschale
- 1 Bund Suppengrün
- 1 Zwiebel, 1 Bund Petersilie
- abgeriebene Schale von 1/2 unbehandelten Zitrone

Für die Salsa verde:

- 1 Bund Petersilie
- 1 Knoblauchzehe
- 2 in Öl eingelegte Sardellen
- 2 EL Kapern, 1 hartgekochtes Ei
- 1 bis 2 EL Paniermehl
- Salz, frisch gemahlener Pfeffer
- ca. 2 EL Weißweinessig
- ca. 1/8 l Olivenöl

1. Rindfleisch, Knochen, Salz und Gewürze in einen großen Kochtopf geben und mit Wasser begießen. Bei schwacher Hitze etwa 1 Stunde kochen lassen.
2. Die Zunge waschen und hinzufügen, weitere 30 Minuten kochen lassen.
3. Das Hähnchen waschen und den Rosmarinzweig hineinstecken. Mit Kalbfleisch, Suppengrün, Zwiebel und Petersilie in die heiße Brühe geben. Eine Stunde bei sanfter Hitze garen. 15 Minuten vor Ende der Garzeit die Zitronenschale in die Brühe geben.
4. In der Zwischenzeit für die Sauce Petersilienblätter mit Knoblauchzehe, Sardellen, Kapern und dem Ei fein hacken. Paniermehl mit Salz, Pfeffer und Essig vermischen. Die Petersilienmischung und und nach und nach so viel Öl darunterrühren, bis eine geschmeidige Sauce entstanden ist. Mit Salz und Pfeffer abschmecken, gut gekühlt etwa 1 Stunde durchziehen lassen.
5. Die Zunge aus der Brühe nehmen, unter kaltem Wasser abbrausen, enthäuten und in Scheiben schneiden. Hähnchen in 6 Teile zerlegen und Rind- sowie Kalbfleisch in Scheiben schneiden. Auf einer Platte anrichten, mit Brühe begießen und mit der Sauce servieren. Dazu schmecken Salzkartoffeln und Senffrüchte!

Pro Person:
Kalorien (kcal) 710
Eiweiß (g) 66
Fett (g) 44
Kohlenhydrate (g) 2

Saftiges aus dem Schmortopf

Je länger das Fleisch bei sanfter Hitze schmort, umso saftiger und aromatischer schmeckt das Gericht – ob es nun ungarisches Gulasch, Ochsenschwanzragout oder Rinderschmorbraten ist.

RINDERSCHMORBRATEN IN ROTWEIN

Bei der Zubereitung eines Schmorbratens sollte man sich viel Zeit nehmen, denn nur durch langsames Garen kommen die Aromen von Fleisch, Gemüse und Wein voll zur Geltung. Neben einer guten Fleischqualität und einem exzellenten Rotwein ist ein Schmortopf mit dickem Boden und gut schließendem Deckel wichtig.

Für 6 Personen
Marinierzeit: 2 Tage
Zubereitungszeit:
3 bis 4 Stunden

- 1 kg gut abgehangenes Rindfleisch aus der Hüfte (Blume)
- 3/4 l kräftiger Rotwein, z. B. Spätburgunder oder Rioja
- 6 zerstoßene Pfefferkörner
- 2 Rosmarinzweige
- 1 Thymianzweig
- 1 Lorbeerblatt
- 1 Stück unbehandelte Orangenschale
- Salz, frisch gemahlener Pfeffer
- 4 EL Keimöl
- 2 EL Aceto Balsamico
- 1 Bund Suppengrün
- 1 Zwiebel
- 2 Tomaten
- 1 Kalbsknochen
- 2 EL Crème double
- 2 cl Armagnac

1. Das Rindfleisch in eine Marinade aus Rotwein, Pfefferkörnern, Kräutern und Orangenschale einlegen und zugedeckt mindestens 2 Tage darin marinieren.
2. Am Tag der Zubereitung das Fleisch aus der Marinade nehmen, gut trockentupfen und, wie auf Seite 22 beschrieben, in Form binden. Mit Salz und Pfeffer einreiben.
3. Öl in einem ausreichend großen, schweren Schmortopf erhitzen und das Fleisch darin rundherum scharf anbraten. Den Backofen auf 160° C vorheizen.
4. Mit Essig ablöschen und etwas einkochen lassen. Das kleingeschnittene Suppengrün, die geschälte und geviertelte Zwiebel, die gehäuteten und entkernten Tomaten und den Kalbsknochen hinzufügen. Die Marinade durch ein Sieb in den Bratenfond gießen. Aufkochen lassen und den Topf gut verschlossen in den vorgeheizten Backofen stellen.
5. Etwa 3 Stunden schmoren lassen, dabei gelegentlich das Fleisch wenden und mit der Schmorflüssigkeit begießen.
6. Das Fleisch aus dem Topf nehmen und kurz ruhen lassen. Den Knochen entfernen und den Schmorfond durch ein Sieb in eine Sauteuse oder einen kleinen Topf passieren. Crème double und Armagnac darunterrühren und kurz durchkochen lassen.
7. Das Fleisch in Scheiben schneiden. Mit Tagliatelle oder Kartoffelplätzchen und der Sauce servieren!

Pro Person:
Kalorien (kcal) 500
Eiweiß (g) 30
Fett (g) 39
Kohlenhydrate (g) 2

Das Fleischstück für einen wirklich guten Schmorbraten darf nicht zu klein sein. 1 kg ist das Mindestgewicht!

Fleisch marinieren
Rotwein in eine Schüssel gießen, die so groß ist, daß das Fleisch gerade hineinpaßt. Pfefferkörner, Kräuter und Orangenschale dazugeben. Das Fleisch einlegen und zugedeckt 2 bis 4 Tage kühl stellen, zwischendurch wenden.

Fleisch anbraten
Das Fleisch aus der Marinade nehmen, trockentupfen, binden und mit Salz und Pfeffer einreiben. In einem schweren Schmortopf Öl erhitzen und das Fleisch darin rundherum scharf anbraten (dazu mit Hilfe von zwei Bratwendern oder Kochlöffeln wenden).

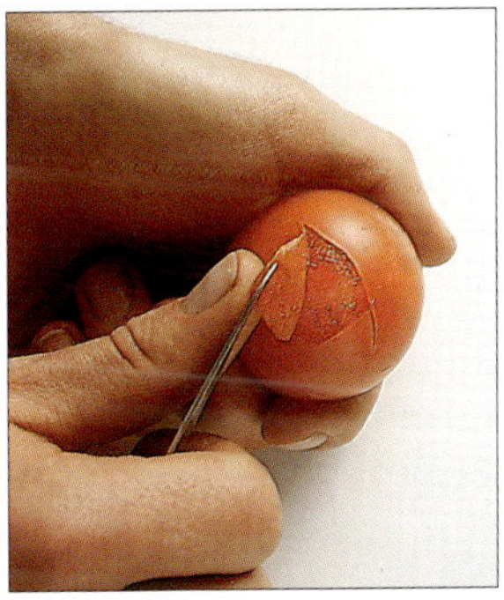

Gemüse vorbereiten
Das Suppengrün waschen und in kleine Stücke schneiden. Die Zwiebel schälen und vierteln. Die Tomaten kurz in kochendes Wasser tauchen, häuten, halbieren und entkernen.

Aufgießen
Den Bratenfond mit Aceto Balsamico ablöschen und einkochen. Dann das vorbereitete Gemüse und den Knochen mitbraten. Die Marinade abseihen und den Bratenfond aufgießen. Den Topf gut verschlossen in den vorgeheizten Backofen stellen.

Sauce fertigstellen
Das Rindfleisch nach etwa 3 Stunden aus dem Topf nehmen und kurz ruhen lassen. Den Schmorfond durch ein Sieb passieren, mit Crème double verrühren und sämig einkochen lassen. Die Sauce mit Armagnac abschmecken.

RINDERSCHMORBRATEN MIT PILZEN

Für 4 Personen
Zubereitungszeit: 3 bis 4 Stunden

- 30 g getrocknete Steinpilze
- 2 Zwiebeln
- 1 kg Rindfleisch aus der Unterschale, evtl. Tafelspitz
- Salz, frisch gemahlener Pfeffer
- 2 EL Keimöl
- je 1 Thymian- und Rosmarinzweig
- 1/4 l kräftiger Rotwein

1. Pilze in lauwarmem Wasser etwa 30 Minuten einweichen. Die Zwiebeln schälen und in Würfel schneiden. Den Backofen auf 160° C vorheizen.
2. Das Rindfleisch waschen, trockentupfen und mit Salz und Pfeffer einreiben.
3. Das Öl in einem Schmortopf erhitzen und das Fleisch darin rundherum scharf anbraten. Zwiebeln und Kräuter dazugeben, mit Rotwein aufgießen und einmal aufkochen lassen.
4. Zugedeckt im Backofen 3 1/2 Stunden schmoren. Nach 2 Stunden die Pilze und 1/4 l der durchgeseihten Einweichflüssigkeit dazugeben. Fleisch in Scheiben schneiden und mit Lauchgemüse servieren.

Pro Person
Kalorien (kcal) 700
Eiweiß (g) 45
Fett (g) 52
Kohlenhydrate (g) 4

FRÄNKISCHES MAJORANFILET

Für 4 Personen
Zubereitungszeit: 30 Minuten

- 2 Schweinefilets (à 350 g)
- Salz
- frisch gemahlener Pfeffer
- 2 Zwiebeln
- 2 EL Schweineschmalz
- 2 EL Majoranblätter oder
- 1 EL gerebelter Majoran
- 1/4 l fränkischer Silvaner
- 1/8 l Fleischbrühe
- 1 TL Kräutersenf
- 2 EL Sahne
- 1 bis 2 EL Fix-Soßenbinder, dunkel

1. Die Schweinefilets entsehnen und enthäuten, waschen, trockentupfen und mit Salz und Pfeffer einreiben.
2. Die Zwiebeln schälen und in kleine Würfel schneiden.
3. Das Schmalz in einer Pfanne erhitzen und das Fleisch darin von allen Seiten scharf anbraten. Die Zwiebeln hinzufügen und glasig dünsten.
4. Mit Majoran bestreuen und mit Wein und Brühe aufgießen. Zugedeckt 8 bis 10 Minuten, je nach Dicke der Filets, bei mittlerer Hitze schmoren lassen.
5. Senf und Sahne verquirlen und unter die Sauce rühren. Soviel Soßenbinder einrühren, bis die Sauce die gewünschte Sämigkeit erreicht hat (siehe Seite 29).

Pro Person:
Kalorien (kcal) 425
Eiweiß (g) 34
Fett (g) 28
Kohlenhydrate (g) 3

RHEINISCHER SAUERBRATEN

Für 4 Personen
Zubereitungszeit: 3 1/2 Stunden

- 1 kg Rindfleisch aus der Blume
- 1 l Fleischbrühe oder Wasser
- 1/2 l Weißweinessig
- 1 Lorbeerblatt, 2 Gewürznelken
- 5 zerdrückte Wacholderbeeren
- 8 Pfefferkörner
- 1 Bund Suppengrün
- Salz, frisch gemahlener Pfeffer
- 2 EL Keimöl
- 1 bis 2 Aachener Printen oder Lebkuchen, 50 g Pumpernickel

1. Fleisch waschen. Brühe oder Wasser, Essig, Kräuter, Gewürze und kleingeschnittenes Suppengrün aufkochen und abkühlen lassen. Fleisch darin ca. 1 Woche marinieren.
2. Das gut trockengetupfte, mit Salz und Pfeffer eingeriebene Fleisch im heißen Öl anbraten. Suppengrün, die Hälfte der Marinade, zerbröckelte Printen oder Lebkuchen und Pumpernickel dazugeben. Zugedeckt im Backofen bei 160° C etwa 3 Stunden schmoren lassen. Zwischendurch mit der restlichen Marinade begießen.
3. Das Fleisch aus dem Topf nehmen, die Sauce pürieren und durch ein Sieb streichen.

Pro Person:
Kalorien (kcal) 765
Eiweiß (g) 45
Fett (g) 54
Kohlenhydrate (g) 15

GESCHMORTE HOHE RIPPE MIT CALVADOSÄPFEL

Für 4 Personen
Zubereitungszeit: 1 1/2 Stunden

- 1,2 kg Hohe Rippe (Rinderkotelett)
- Salz
- frisch gemahlener Pfeffer
- 2 EL Keimöl
- 300 ml Cidre
- 4 aromatische Äpfel, z. B. Boskop oder Cox Orange
- 1 TL Thymianblätter
- 4 cl Calvados
- 1/8 l Fleischbrühe
- 40 g eiskalte Butter

1. Das Fleisch waschen und trockentupfen. Mit Salz und Pfeffer einreiben.
2. Öl in einem Schmortopf erhitzen und das Fleisch darin scharf anbraten. Mit Cidre begießen und zugedeckt bei schwacher Hitze ca. 1 Stunde schmoren lassen.
3. Die Äpfel schälen, vierteln, entkernen und mit dem Thymian in den Bratenfond geben. Mit Calvados und Brühe begießen. Weitere 15 bis 20 Minuten zugedeckt schmoren.
4. Das Fleisch mit den Äpfeln aus dem Topf nehmen und die Sauce mit den Butterflöckchen binden (siehe Seite 29). Mit Kartoffelpüree servieren.

Pro Person:
Kalorien (kcal) 955
Eiweiß (g) 57
Fett (g) 64
Kohlenhydrate (g) 18

RIESENROULADE MIT KRÄUTER-BRÄT-FÜLLUNG

Eine Abwandlung der bei uns überaus beliebten Rouladen ist die sizilianische Riesenroulade »Farsumagru«. Wie bei allen traditionellen Gerichten gibt es viele Variationen – hier ist eine davon!

Für 6 Personen
Zubereitungszeit: 4 Stunden

- 1 Scheibe Rindfleisch aus der Oberschale (ca. 800 g)
- Salz, frisch gemahlener Pfeffer
- 100 g Parmaschinken
- 1 Zwiebel
- 2 bis 3 Knoblauchzehen
- 1/2 Bund Petersilie
- 1/2 TL Thymianblätter
- 2 feingehackte Salbeiblätter
- abgeriebene Schale von 1/2 unbehandelten Zitrone
- 1 Msp Zimtpulver
- 1 Msp Muskatpulver
- 2 Eier
- 100 g geriebener Parmesan
- 200 g rohes Schweinsbratwurstbrät
- 4 EL Olivenöl
- 1/4 l kräftiger Rotwein
- 1/8 l Fleischbrühe
- 500 g vollreife Tomaten
- 2 EL gehacktes Basilikum

1. Das Fleisch im oberen Drittel längs einschneiden, aber nicht durchschneiden. Die Scheibe zur Seite klappen und von der Mitte aus zur anderen Seite nach außen schneiden. Nicht durchschneiden! Auseinanderklappen und die so entstandene Fleischscheibe flachklopfen. Sparsam mit Salz und Pfeffer einreiben.

2. Parmaschinken und Zwiebel in kleine Würfel schneiden. Knoblauchzehen und Petersilie fein hacken und mit Kräutern, Zitronenschale, Gewürzen, Eiern und Käse unter das Brät mischen. Herzhaft mit Salz und Pfeffer würzen. Backofen auf 160° C vorheizen.

3. Die Füllung auf die Fleischscheibe streichen und das Fleisch von der Schmalseite her aufrollen. Mit einem Küchengarn verschnüren.

4. Öl in einem Schmortopf erhitzen und das Fleisch darin rundherum anbraten. Mit Rotwein begießen und zugedeckt im Backofen ca. 3 Stunden schmoren. Gelegentlich wenden und mit Bratenfond und Fleischbrühe begießen.

5. Die Tomaten blanchieren, häuten, halbieren und entkernen. Das Fruchtfleisch in kleine Stücke schneiden.

6. Das Fleisch aus dem Topf nehmen und mit Alufolie umhüllt warm stellen.

7. Tomaten in den Bratenfond geben und mit der restlichen Fleischbrühe begießen. Bei mittlerer Hitze etwa 10 Minuten köcheln lassen. Zum Schluß Basilikum daruntermischen.

8. Das Fleisch in Scheiben schneiden und die Sauce getrennt dazu reichen.

Pro Person:
Kalorien (kcal) 535
Eiweiß (g) 44
Fett (g) 35
Kohlenhydrate (g) 3

- Man kann unter die Füllung auch in Würfel geschnittene frische Paprikaschoten oder hartgekochte Eier mischen.
- »Farsumagru« schmeckt auch kalt mit Weißbrot.

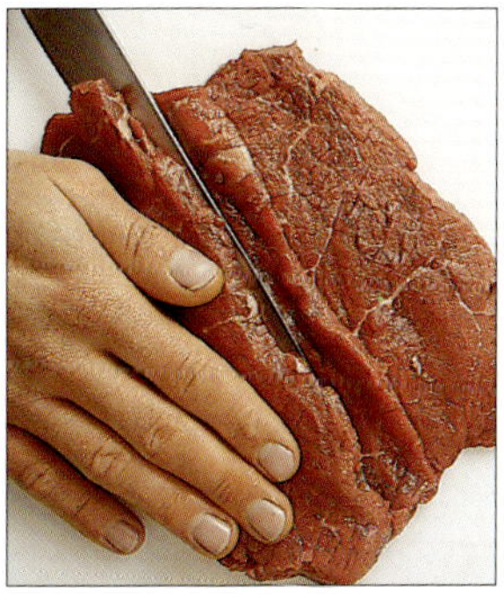

Fleisch schneiden
Eine gleichmäßig dicke Rindfleischscheibe im oberen Drittel längs ein-, aber nicht durchschneiden. Die Scheibe umklappen und von der Mitte aus zum anderen Ende hin ebenfalls ein-, aber nicht durchschneiden. Auseinanderklappen und flachklopfen.

Füllung vorbereiten
Schinken und Zwiebel in kleine Würfel schneiden. Knoblauch und Petersilie fein hacken. Mit den übrigen Kräutern, der Zitronenschale, den Gewürzen, den Eiern und dem Parmesan unter das Brät mischen. Mit Salz und Pfeffer würzen.

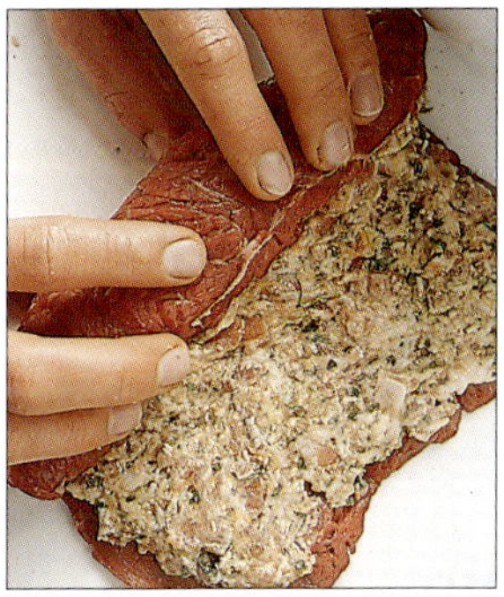

Füllen und verschnüren
Die Füllung so auf die Fleischscheibe streichen, daß rundherum ein schmaler Rand bleibt. Von der Schmalseite her aufrollen und mit einem Küchengarn im Abstand von 2 cm fest umwickeln (siehe Seite 22). Die Enden gut verknoten.

Anbraten und Schmoren
Das Öl in einem länglichen Schmortopf erhitzen und das Fleisch darin von allen Seiten scharf anbraten. Mit Rotwein begießen, kurz aufkochen lassen und bei schwacher Hitze zugedeckt etwa 3 Stunden schmoren lassen. Gelegentlich mit Bratenfond und Brühe begießen.

Sauce zubereiten
Gehäutete, entkernte Tomaten in kleine Stücke schneiden. Roulade aus dem Topf nehmen, mit Alufolie umhüllen und warm stellen. Die Tomatenwürfel in den Bratenfond geben, mit restlicher Brühe aufgießen und etwa 10 Minuten köcheln lassen.

RINDERROULADEN MIT WÜRSTCHEN GEFÜLLT

Rinderrouladen, mit Zwiebeln, Speck und Essiggurken gefüllt, wie auf Seite 24 beschrieben, gehören zu den Klassikern der deutschen Küche. Der Phantasie beim Füllen sind allerdings keine Grenzen gesetzt. Hier finden Sie einige Anregungen.

Für 4 Personen
Zubereitungszeit: 1 1/2 Stunden

- 4 Rinderrouladen (à 150 g)
- Salz
- frisch gemahlener Pfeffer
- 1 EL feinwürziger Dijon-Senf
- 2 altbackene Brötchen
- 1/8 l heiße Milch
- 2 Zwiebeln
- 50 g durchwachsener Räucherspeck
- 1 Bund Petersilie
- 3 EL Keimöl
- 1 kleines Ei
- abgeriebene Schale von 1/4 unbehandelten Zitrone
- 4 kleine rohe Bratwürstchen
- 2 Majoranzweige
- 1/8 l trockener Weißwein
- 1/4 l Fleischbrühe
- evtl. 1 EL Fix-Soßenbinder, dunkel

1. Die Fleischscheiben waschen, trockentupfen und mit Salz und Pfeffer einreiben. Jeweils eine Seite mit Senf bestreichen.
2. Die Brötchen in kleine Würfel schneiden, mit der Milch begießen, 10 Minuten einweichen und dann ausdrücken.
3. Die Zwiebeln schälen und wie den Räucherspeck in kleine Würfel schneiden. Die Petersilie fein hacken.
4. Die Speckwürfel in 1 EL Öl leicht bräunen und die Hälfte der Zwiebeln darin andünsten. Mit der Hälfte der Petersilie und dem Ei unter die Brötchen mischen. Mit Salz, Pfeffer und Zitronenschale würzen und zu einer geschmeidigen Masse verrühren.
5. Die Brötchenfarce auf die Rouladen streichen. Jeweils quer in die Mitte 1 Bratwürstchen legen und von der Schmalseite her aufrollen. Das Ende mit einem Zahnstocher feststecken oder einer Rouladenklammer verschließen.
6. Das restliche Öl in einem Schmortopf erhitzen und die Rouladen darin rundherum scharf anbraten. Die restlichen Zwiebelwürfel sowie die Majoranzweige dazugeben und kurz mitbraten. Mit Wein und Brühe aufgießen und bei schwacher Hitze zugedeckt ca. 50 Minuten schmoren.
7. Die Rouladen aus dem Topf nehmen und warm stellen. Die Majoranzweige aus der Sauce nehmen. Die Sauce mit einem Pürierstab fein pürieren und durch ein Sieb streichen. Sämig einkochen lassen oder mit etwas Fix-Soßenbinder binden (siehe Seite 29). Die restliche Petersilie daruntermischen.

Pro Person:
Kalorien (kcal) 580
Eiweiß (g) 42
Fett (g) 36
Kohlenhydrate (g) 15

1

2

3

1. Schweinerouladen mit Pilzfüllung

4 dünn geschnittene Schweineschnitzel aus der Oberschale flachklopfen und mit Salz und Pfeffer würzen. 250 g Egerlinge putzen und grob hacken. 50 g Speckwürfel leicht bräunen und 1 EL Zwiebelwürfel und 2 gehackte Knoblauchzehen darin glasig dünsten. Die Pilze dazugeben und so lange braten, bis die Flüssigkeit verdampft ist. Abkühlen lassen, dann 1 Eigelb, 1 EL Paniermehl und 1 EL gehackte Basilikumblätter darunterrühren. Mit Salz und Pfeffer würzen und die Masse auf die Fleischscheiben streichen. Aufrollen und die Enden mit je 1 Zahnstocher feststecken. 2 EL Keimöl erhitzen und die Rouladen rundherum anbraten. 2 EL Zwiebelwürfel und 2 gehäutete, in Würfel geschnittene Fleischtomaten dazugeben und mit 1/4 l Fleischbrühe aufgießen. Zugedeckt bei schwacher Hitze etwa 30 Minuten schmoren. 1 EL gehackte Petersilie daruntermischen und die Sauce, falls nötig, etwas einkochen lassen.

2. Kalbsrouladen mit Ziegenkäse

4 dünne Kalbsschnitzel (à 150 g) flachklopfen und mit Salz und Pfeffer würzen. 200 g Ziegenfrischkäse mit 2 EL grobgehackten Pinienkernen und 1/2 Bund feingehacktem Basilikum verrühren. Mit Salz und Pfeffer würzen. 100 g Kenia-Bohnen putzen und bißfest kochen. Die Rouladen mit der Käsecreme bestreichen, quer in die Mitte jeweils 3 bis 4 Bohnen legen und die Rouladen von der Schmalseite her aufrollen. Die Enden mit je 1 Zahnstocher feststecken. In 2 EL Olivenöl anbraten. Mit 2 cl Sherry (Amontillado, medium) und 1/4 l Kalbsfond aufgießen. Zugedeckt etwa 20 Minuten bei mittlerer Hitze schmoren. Rouladen herausnehmen und die Sauce mit 30 g eiskalten Butterflöckchen binden (siehe Seite 29).

3. Rinderrouladen mit Gemüsefüllung

100 g Bohnen, 1 kleine rote Paprikaschote und 2 Selleriestangen waschen, putzen und in kleine Würfel schneiden. 200 g Kalbsbrät mit 1 Eigelb, 1 bis 2 EL Paniermehl, 1 EL gehackter Petersilie, 1/2 TL Thymianblättchen und den Gemüsewürfeln verrühren und mit Salz und Pfeffer würzen. Die Masse auf 4 flachgeklopfte und mit Salz und Pfeffer gewürzte Rinderrouladen streichen. Von der Schmalseite her aufrollen und die Enden mit je 1 Zahnstocher feststecken. 2 EL Keimöl erhitzen und die Rouladen scharf anbraten. Mit 1/4 l kräftigem Rotwein aufgießen und zugedeckt bei schwacher Hitze ca. 1 Stunde schmoren. Die Rouladen aus dem Topf nehmen und den Bratenfond entweder sämig einkochen lassen oder mit 1 EL Fix-Soßenbinder binden (siehe Seite 29). Mit Paprikagemüse servieren.

OCHSENSCHWANZRAGOUT

Langsames Schmoren bei sanften Temperaturen ist die Voraussetzung für das gute Gelingen dieses Ragouts. Erst dann wird das knorpelige, sehnige Fleisch zart und saftig und für jeden Genießer zu einer Delikatesse.

Für 4 Personen
Zubereitungszeit: 3 1/2 Stunden

- 1 Zwiebel
- 2 Knoblauchzehen
- 1 Möhre
- 1 Petersilienwurzel
- 1 Lauchstange
- 1,5 kg Ochsenschwanz, in dicke Scheiben geschnitten
- Salz
- 40 g Butterschmalz
- 1 Lorbeerblatt
- 2 Thymianzweige
- je 4 zerdrückte Wacholderbeeren und Korianderkörner
- 1 EL Pfefferkörner
- 1 EL Tomatenmark
- 1 EL Mehl
- 1/2 l trockener Rotwein
- 4 cl Armagnac

1. Zwiebel, Knoblauch, Möhre und Petersilienwurzel schälen und in kleine Würfel schneiden. Vom Lauch die Wurzeln und das grüne Ende entfernen. Die Stange halbieren, gründlich waschen und in feine Streifen schneiden.
2. Ochsenschwanzscheiben waschen, trockentupfen und salzen.
3. Das Schmalz in einem Schmortopf erhitzen und den Ochsenschwanz darin scharf anbraten.
4. Erst das Gemüse, die Kräuter und die Gewürze dazugeben und anrösten. Dann das Tomatenmark und Mehl hinzufügen und ebenfalls kräftig anbraten.
5. Mit der Hälfte des Weins aufgießen, aufkochen lassen und zugedeckt bei schwacher Hitze ca. 3 Stunden schmoren. Gelegentlich umrühren und mit dem restlichen Wein begießen.
6. Wenn sich das Fleisch leicht vom Knochen löst, die Fleischscheiben aus dem Topf nehmen und warm stellen.
7. Die Sauce durch ein Sieb passieren, den Armagnac hinzugießen und sämig einkochen lassen.

Pro Person:
Kalorien (kcal) 870
Eiweiß (g) 77
Fett (g) 53
Kohlenhydrate (g) 6

Will man das Ragout ohne die Knochen servieren, muß das Fleisch sofort ausgelöst werden. Abgekühlt ist dies fast unmöglich!

OSSOBUCO ALLA MILANESE

GESCHMORTE KALBSHAXENSCHEIBEN

Mittlerweile kann man dieses aus Norditalien stammende Schmorgericht auch bei uns problemlos nachkochen, da fast jeder Metzger Kalbshaxe in Scheiben geschnitten anbietet. Das Besondere dieses Gerichtes ist, daß das Knochenmark seine feinen Geschmacksstoffe an die Sauce abgibt. Der höchste Genuß: zum Schluß das Mark auslöffeln oder auf ein Stück Weißbrot streichen.

Für 4 Personen
Zubereitungszeit: 2 Stunden

- 4 Scheiben Kalbshaxe (3 bis 4 cm dick)
- Salz
- frisch gemahlener Pfeffer
- 2 bis 3 EL Mehl
- 2 Zwiebeln
- 2 Knoblauchzehen
- 2 Möhren
- 2 Selleriestangen
- 2 Fleischtomaten
- 30 g Butter
- 2 EL Olivenöl
- 2 Thymianzweige
- 1 Stückchen unbehandelte Zitronenschale
- 1/4 l trockener Weißwein
- 1/8 l Kalbsfond
- 1/2 Bund Petersilie

1. Die Fleischscheiben waschen, trockentupfen, mit Salz und Pfeffer würzen und in Mehl wenden.
2. Zwiebeln, Knoblauchzehen und Möhren schälen, Selleriestangen waschen und alles in kleine Würfel schneiden. Die Tomaten kurz blanchieren, häuten, halbieren und entkernen. Das Fruchtfleisch in Würfel schneiden.
3. Butter und Olivenöl in einem Schmortopf erhitzen und das Fleisch darin von beiden Seiten scharf anbraten. Gemüse, Thymian und Zitronenschale dazugeben und kurz mitbraten.
4. Mit Wein aufgießen und zugedeckt bei schwacher Hitze etwa 1 1/2 Stunden schmoren lassen.
5. Zwischendurch die Fleischscheiben wenden und mit Kalbsfond begießen.
6. Die Petersilie fein hacken und zum Schluß daruntermischen.

Pro Person:
Kalorien (kcal) 435
Eiweiß (g) 55
Fett (g) 16
Kohlenhydrate (g) 12

Eine ganz besondere Note erhält das Gericht, wenn man zum Schluß eine Mischung aus gehackter Petersilie, geriebener Zitronenschale, frisch gehackten Knoblauchzehen und Sardellen daruntermischt.

GESCHMORTE KALBSHAXE

Für das sehnenreiche Fleisch der Kalbshaxe ist Schmoren die ideale Garmethode. Das Fleisch wird dabei weich und bleibt saftig, Knochen und Knorpel sorgen für eine aromatische Sauce.

Für 4 Personen
Zubereitungszeit: 2 1/2 Stunden

- 1 hintere Kalbshaxe (1,5 kg)
- 250 g Schweinebauch
- 1 Kalbsknochen
- Salz
- frisch gemahlener Pfeffer
- 2 Möhren
- 100 g Knollensellerie
- 1 kleine Petersilienwurzel
- 100 g Schalotten
- 2 EL Keimöl
- 20 g Butter
- 1 TL Tomatenmark
- 400 ml Fleischbrühe
- 1/8 l trockener Weißwein

1. Kalbshaxe, Schweinebauch und Knochen waschen und trockentupfen. Die Haxe und den Schweinebauch mit Salz und Pfeffer einreiben.
2. Möhren, Sellerie, Petersilienwurzel und Schalotten schälen und alles in kleine Stücke schneiden. Den Backofen auf 180° C vorheizen.
3. Öl und Butter in einem großen Schmortopf erhitzen und die Haxe und den Schweinebauch darin rundherum anbraten.
4. Den Knochen und das Gemüse dazugeben und kurz mitbraten. Das Tomatenmark darunterrühren und mit der Fleischbrühe aufgießen.
5. Zugedeckt im Backofen 2 Stunden schmoren, dabei gelegentlich mit dem Bratensaft begießen. 30 Minuten vor Ende der Garzeit den Deckel abnehmen und das Fleisch bräunen lassen.
6. Fleisch und Knochen aus dem Topf nehmen. Das Kalbfleisch vom Knochen lösen, den Schweinebauch in 4 Teile schneiden und den Knochen entfernen. Beides warm stellen.
7. Den Bratenfond entfetten, dann mit dem Gemüse fein pürieren und durch ein Sieb streichen. Wein dazugießen und die Sauce sämig einkochen lassen. Die Sauce getrennt zum Fleisch servieren.

Pro Person:
Kalorien (kcal) 780
Eiweiß (g) 89
Fett (g) 39
Kohlenhydrate (g) 6

• Anstelle einer großen hinteren Kalbshaxe können Sie auch zwei vordere Haxen nehmen.
• Der mitgebratene Schweinebauch verleiht der Sauce einen köstlichen, kräftigen Geschmack.

LAMMSCHULTER AUF KARTOFFELN

Die Lammschulter zählt zu den preiswerteren Fleischteilen, dabei ist sie aber keineswegs weniger schmackhaft. Es kommt nur auf die richtige Zubereitungsart an! Das von Sehnen und Bindegewebe durchzogene Fleisch muß sanft geschmort werden, damit es nicht zäh wird.

Für 4 Personen
Marinierzeit: 2 Stunden
Zubereitungszeit: 2 Stunden

- 2 Lammschultern (à 700 g)
- Salz, frisch gemahlener Pfeffer
- 1 TL Thymianblätter
- 2 Knoblauchzehen
- 4 EL Olivenöl
- 1 Zwiebel
- 1/4 l trockener Weißwein
- 4 Möhren
- 800 g festkochende Kartoffeln
- 1 Rosmarinzweig
- 1/8 l Lammfond
- 2 EL gehackte Petersilie

1. Die Lammschultern mit einer Mischung aus Salz, Pfeffer, Thymian, zerdrückten Knoblauchzehen und 2 EL Olivenöl einreiben und mindestens 2 Stunden marinieren.
2. Den Backofen auf 160° C vorheizen.
3. Das restliche Öl erhitzen und das Fleisch darin scharf anbraten. Die Zwiebel schälen, in Würfel schneiden und kurz glasig dünsten. Mit dem Weißwein aufgießen und zugedeckt ca. 45 Minuten im Backofen schmoren lassen.
4. Die Möhren und die Kartoffeln gründlich waschen und schälen. Die Möhren in 1/2 cm dicke Scheiben, die Kartoffeln in größere Würfel schneiden.
5. Nach 45 Minuten das Fleisch aus dem Topf nehmen. Kartoffeln und Möhren mit dem Bratenfond vermischen. Das Fleisch und den Rosmarinzweig darauflegen und mit Lammfond begießen.
6. Zugedeckt weitere 45 Minuten schmoren. Die letzten 15 Minuten den Deckel abnehmen und die Hitze auf 200° C erhöhen.
7. Die Lammschultern aus dem Topf nehmen, das Fleisch von den Knochen lösen und in Scheiben schneiden.
8. Die Petersilie unter das Kartoffel-Möhren-Gemüse mischen und zum Fleisch reichen.

Pro Person:
Kalorien (kcal) 1200
Eiweiß (g) 53
Fett (g) 86
Kohlenhydrate (g) 40

Würzen Sie die Lammschultern anstelle von Thymian auch einmal mit frischem Majoran!

SCHWEINEHALS AUF LAUCH

Erst wenn die Lauchstangen butterweich sind, entwickeln sie zusammen mit dem Fleischaroma ihren unvergleichlichen Geschmack. Der Knoblauch sorgt für den nötigen Pfiff!

Für 4 Personen
Zubereitungszeit: 2 Stunden

- 800 g Schweinehals ohne Knochen
- Salz
- frisch gemahlener Pfeffer
- 3 bis 4 Knoblauchzehen
- 4 mittelgroße Lauchstangen
- 2 EL Olivenöl
- 20 g Butter
- 1/8 l trockener Weißwein
- 2 EL gehackte Petersilie

1. Das Schweinefleisch waschen, trockentupfen und mit Salz und Pfeffer einreiben. Die Knoblauchzehen schälen und in schmale Stifte schneiden. Mit einem spitzen Messer kleine Öffnungen in das Fleisch stechen und die Knoblauchstifte hineindrücken.
2. Von den Lauchstangen die Wurzeln und das hintere grüne Ende entfernen. Die Stangen halbieren und sehr gründlich waschen, damit alle Sandteile zwischen den Blättern entfernt werden. Den Backofen auf 180° C vorheizen.
3. In einem großen Bräter Öl und Butter erhitzen und das Fleisch darin von allen Seiten scharf anbraten. Aus dem Topf nehmen und die Lauchstangen darin rundherum anbraten.
4. Das Fleisch auf das Gemüse legen, mit Wein begießen und zugedeckt im Backofen 1 Stunde 20 Minuten schmoren lassen.
5. Das Fleisch aus dem Topf nehmen und kurz ruhen lassen. Den Lauch auf einer vorgewärmten Platte anrichten. Die Schmorflüssigkeit, falls nötig, etwas einkochen lassen.
6. Das Fleisch in Scheiben schneiden und auf dem Lauch anrichten. Mit Petersilie bestreuen und mit dem Bratensaft begießen.

Pro Person:
Kalorien (kcal) 580
Eiweiß (g) 41
Fett (g) 40
Kohlenhydrate (g) 6

Zu mageres Schweinefleisch ist ungeeignet. Am besten schmeckt das Fleisch, wenn es mit Fett durchzogen ist.

KALBFLEISCH MIT PETERSILIEN-WURZELN GESCHMORT

Petersilienwurzeln fristen ihr Dasein noch immer als Bestandteil des Suppengrüns. Dabei entwickeln die unscheinbaren Wurzeln durch langes und sanftes Schmoren ein raffiniertes, feines Aroma. Püriert man das mitgeschmorte Gemüse, entsteht ohne zusätzliche Bindung eine herrlich cremige Sauce.

Für 4 Personen
Zubereitungszeit: 2 1/2 Stunden

- 800 g Kalbsnuß
- Salz
- frisch gemahlener Pfeffer
- 200 g Petersilienwurzeln
- 2 EL Keimöl
- 10 g Butter
- 4 cl Fino-Sherry
- 300 ml Kalbsfond
- 1/8 l Sahne
- 1 Bund glatte Petersilie

1. Das Kalbfleisch waschen, trockentupfen und mit Salz und Pfeffer einreiben.
2. Die Petersilienwurzeln schälen und in etwa 1/2 cm dicke Scheiben schneiden.
3. Öl und Butter erhitzen und das Fleisch darin rundherum anbraten. Die Petersilienwurzeln dazugeben und mitbraten.
4. Mit Fino-Sherry ablöschen und einkochen lassen. Dann mit dem Fond aufgießen und zugedeckt bei schwacher Hitze 1 Stunde schmoren lassen. Dabei gelegentlich das Fleisch wenden.
5. Das Kalbfleisch aus dem Topf nehmen, in Alufolie hüllen und ruhen lassen.
6. Den Bratenfond mit dem Gemüse im Mixer oder mit einem Pürierstab pürieren und durch ein Spitzsieb streichen. Die Sahne darunterrühren und sämig einkochen lassen. Zum Schluß die feingehackte Petersilie daruntermischen.
7. Das Fleisch in Scheiben schneiden, auf einer Platte anrichten und mit der Sauce servieren.
8. Kartoffelgnocchi, aber auch breite Bandnudeln passen gut dazu.

Pro Person:
Kalorien (kcal) 400
Eiweiß (g) 44
Fett (g) 21
Kohlenhydrate (g) 3

Statt der Kalbsnuß kann man auch gut Schweinefleisch aus der Oberschale verwenden.

UNGARISCHES GULASCH

Bestellt man in Ungarn »gulyas«, so wird man wohl überrascht sein. Denn man bekommt eine Suppe aus Zwiebeln, Rindfleisch, Kartoffeln und reichlich Peperoni. Das, was wir als Gulasch bezeichnen, heißt in Ungarn »pörkölt« und wird mit der gleichen Menge Zwiebeln wie Fleisch zubereitet, damit eine sämige Sauce entsteht. Mehl hat in einem echten Pörkölt nichts zu suchen!

Für 4 Personen
Zubereitungszeit: 2 Stunden

- 800 g Rindfleisch aus dem Nacken
- Salz
- frisch gemahlener Pfeffer
- 800 g Zwiebeln
- 1 mittelgroße Kartoffel
- 4 EL Keimöl
- 1 EL Paprikapulver, edelsüß
- 1 TL Paprikapulver, rosenscharf
- 1/2 TL Kümmel
- 1 Stückchen getrocknete Pfefferschote
- 2 EL Tomatenmark
- 1/2 l Fleischbrühe

1. Das Fleisch waschen, trockentupfen und in etwa 3 cm große Würfel schneiden. Mit Salz und Pfeffer würzen.
2. Die Zwiebeln schälen, halbieren und in Scheiben schneiden. Die Kartoffel schälen und in winzige Würfel schneiden.
3. Das Öl erhitzen und die Zwiebeln darin unter Rühren glasig dünsten. Dann die Fleischwürfel dazugeben und mitbraten.
4. Mit Paprikapulver, Kümmel und der zerbröselten Pfefferschote würzen und die Kartoffelstückchen und das Tomatenmark darunterrühren.
5. Kurz andünsten, dann mit der Fleischbrühe aufgießen. Aufkochen lassen und zugedeckt bei schwacher Hitze etwa 1 1/2 Stunden schmoren, dabei gelegentlich umrühren.
6. Das Gulasch mit Salzkartoffeln, Nudeln oder frischem Weißbrot servieren.

Pro Person:
Kalorien (kcal) 485
Eiweiß (g) 43
Fett (g) 24
Kohlenhydrate (g) 19

• Ob und wieviel Pfefferschoten mitgeschmort werden, hängt davon ab, wie scharf das Gulasch werden soll!
• Wie bei allen Eintopfgerichten sollten Sie die Mengen großzügig abmessen. Denn aufgewärmt schmeckt auch Gulasch noch besser!
• Eine besondere Note erhält das Gulasch, wenn man 1 bis 2 Scheiben von einer unbehandelten Zitrone mitschmort.

Zutaten vorbereiten
Das Fleisch von Fett und Sehnen befreien, waschen und trockentupfen. In 3 cm große Würfel schneiden. Zwiebeln und Kartoffeln schälen. Die Zwiebeln halbieren und in dünne Scheiben, die Kartoffeln in winzige Würfel schneiden.

Zwiebeln andünsten
In einem Schmortopf das Öl erhitzen und die Zwiebeln darin unter Rühren glasig dünsten. Die Zwiebeln dürfen dabei keinesfalls zu braun werden, da sie sonst nicht mehr sämig zerkochen.

Fleisch anbraten
Die Fleischwürfel zu den Zwiebeln geben und miteinander unter Rühren anbraten. Zugedeckt bei mittlerer Hitze etwa 10 Minuten schmoren.

Würzen
Nun die Kartoffelwürfel, Paprikapulver, Kümmel und zerbröselte Pfefferschote hinzufügen und das Tomatenmark darunterrühren. Bei starker Hitze kurz andünsten. Dabei aufpassen, daß das Paprikapulver nicht bräunt. Es wird sonst bitter!

Aufgießen
Nach und nach mit Fleischbrühe aufgießen und einmal aufkochen lassen. Dann die Hitze reduzieren und das Gulasch bei schwacher Hitze 1 1/2 Stunden sanft köcheln lassen. Gelegentlich umrühren.

SZEGEDINER GULASCH

Gulasch – ein Thema mit Variationen! Ob vom Rind, Kalb oder Schwein, ob mit oder ohne Paprikaschoten, Sauerkraut, Knoblauch und Kartoffeln – eines haben alle gemeinsam: die große Menge Zwiebeln sowie eine lange Garzeit bei niedriger Temperatur. In Ungarn ist das »Szegediner Gulasch« ein beliebtes Wintergericht. Auf die frischen Paprikaschoten wird dann allerdings verzichtet.

Für 4 Personen
Zubereitungszeit: 1 1/2 Stunden

- 600 g Schweinefleisch vom Hals
- Salz
- frisch gemahlener Pfeffer
- 400 g Zwiebeln
- 2 Knoblauchzehen
- je 1 rote und grüne Paprikaschote
- 1 mittelgroße, mehligkochende Kartoffel
- 250 g Sauerkraut
- 3 EL Keimöl
- 1 EL Tomatenmark
- 1 EL Paprikapulver, edelsüß
- 1 TL Paprikapulver, rosenscharf
- 1 Lorbeerblatt
- 1 TL Kümmel
- 1/2 l Fleischbrühe
- 1/8 l saure Sahne
- 1 EL gehackte Petersilie

1. Schweinefleisch waschen, trockentupfen und in 1 1/2 cm große Würfel schneiden. Mit Salz und Pfeffer würzen.
2. Zwiebeln und Knoblauchzehen schälen und in Würfel schneiden. Die Paprikaschoten waschen, halbieren und entkernen. Die Kartoffel schälen und mit den Paprikaschoten in Würfel schneiden. Das Sauerkraut kleinschneiden.
3. Öl in einem Schmortopf erhitzen und Zwiebeln und Knoblauch darin glasig dünsten. Das Fleisch dazugeben und mitbraten. Dann Paprika-, Kartoffelwürfel und das Sauerkraut daruntermischen und miteinander bei starker Hitze kurz anbraten.
4. Das Tomatenmark und die Gewürze darunterrühren und mit der Fleischbrühe aufgießen. Einmal aufkochen lassen und dann zugedeckt bei schwacher Hitze etwa 45 Minuten schmoren.
5. Den Deckel abnehmen, die saure Sahne daruntermischen und noch einige Minuten unter Rühren köcheln lassen.
6. Mit Petersilie bestreuen und mit Kartoffelpüree servieren.

Pro Person:
Kalorien (kcal) 540
Eiweiß (g) 33
Fett (g) 35
Kohlenhydrate (g) 17

• Wer das Gericht etwas schärfer möchte, schmort eine Pfefferschote mit.
• Vorsichtig mit Salz abschmecken, da Sauerkraut meistens sehr salzig ist.

GRIECHISCHES RINDERGULASCH

»Stifádo« heißt das Rindergulasch in Griechenland. Das Besondere daran ist die Prise Zimt, die dem Schmorfleisch eine leicht orientalische Note verleiht. Hier wird zuerst das Fleisch angebraten, bevor die kleinen Zwiebeln oder Schalotten hinzukommen. Das »Stifádo« zählt zu den beliebtesten Wintergerichten in Griechenland!

Für 4 Personen
Zubereitungszeit:
1 Stunde 50 Minuten

- 800 g Rindfleisch aus der Unterschale oder Nuß
- Salz
- frisch gemahlener Pfeffer
- 800 g Schalotten
- 1 Zwiebel
- 1 Knoblauchzehe
- 5 EL Olivenöl
- 2 Lorbeerblätter
- 1/2 TL Zimtpulver
- 2 EL Tomatenmark
- 2 cl Rotweinessig
- 1/8 l Fleischbrühe
- 1/4 l trockener Rotwein

1. Das Fleisch waschen, trockentupfen und in 3 cm große Würfel schneiden. Mit Salz und Pfeffer wurzen.
2. Schalotten, Zwiebel und Knoblauchzehe schälen. Zwiebel und Knoblauch in kleine Würfel schneiden.
3. Das Öl erhitzen und das Fleisch portionsweise darin goldbraun anbraten. Zwiebel- und Knoblauchwürfel hinzufügen und glasig dünsten. Mit Lorbeerblättern und Zimt würzen und das Tomatenmark darunterrühren.
4. Mit Essig ablöschen, einkochen lassen und mit Brühe aufgießen. Zugedeckt bei schwacher Hitze etwa 45 Minuten schmoren.
5. Die Schalotten dazugeben, mit Rotwein aufgießen und erneut aufkochen lassen. Bei schwacher Hitze weitere 35 bis 45 Minuten schmoren. Fleisch und Schalotten müssen weich und die Sauce sämig sein.

Pro Person:
Kalorien (kcal) 505
Eiweiß (g) 45
Fett (g) 27
Kohlenhydrate (g) 13

• Falls die Sauce nicht richtig sämig ist, bei offenem Topf noch ein wenig einkochen lassen oder mit etwas Fix-Soßenbinder (dunkel) binden.
• »Stifádo« kann auch mit Lammfleisch zubereitet werden!

BŒUF BOURGUIGNON

RINDFLEISCHRAGOUT AUF BURGUNDER ART

Dies ist die französische, oder besser die burgundische Art, ein Gulasch zuzubereiten. Je gehaltvoller der Wein ist, umso besser wird das Bœuf bourguignon! Trinken Sie den Wein dazu, mit dem Sie das Ragout zubereitet haben.

Für 4 Personen
Marinierzeit: 24 Stunden
Zubereitungszeit: 2 1/2 Stunden

- 1 Zwiebel
- 4 Knoblauchzehen
- je 1 Rosmarin-, Thymian- und Majoranzweig
- 1 Lorbeerblatt
- 8 Pfefferkörner
- 3/4 l Rotwein (z. B. Beaujolais)
- 800 g Rindfleisch aus der Unterschale oder Blume
- 20 kleine Zwiebeln
- 100 g durchwachsener Speck
- 3 EL Keimöl
- 1 bis 2 EL Mehl, Salz
- 250 g Champignons
- 20 g Butter
- 2 cl Cognac
- 1 EL gehackte Petersilie

1. Die Zwiebel und 1 Knoblauchzehe schälen und halbieren. Mit Kräutern und Pfefferkörnern in eine Schüssel geben und mit Rotwein begießen.
2. Das Rindfleisch waschen, trockentupfen, in 3 cm große Würfel schneiden und in die Marinade legen.
3. Am nächsten Tag die kleinen Zwiebeln und die restlichen Knoblauchzehen schälen. Knoblauch und Speck in kleine Würfel schneiden.
4. Das Fleisch auf ein Sieb schütten und die Marinade auffangen. Das Fleisch trockentupfen.
5. Das Öl in einem Schmortopf erhitzen und die Speck- und Knoblauchwürfel darin glasig dünsten. Die Zwiebeln unzerkleinert dazugeben und goldgelb braten. Speck und Zwiebeln mit einem Schaumlöffel herausheben und das Fleisch im heißen Bratfett bei starker Hitze portionsweise anbraten.
6. Mit Mehl bestäuben und kurz rösten, dann die Zwiebeln, den Speck sowie die Kräuter aus der Marinade wieder hinzufügen. Mit der Marinade aufgießen, wenig salzen und aufkochen lassen. Zugedeckt bei schwacher Hitze mindestens 1 1/2 Stunden schmoren.
7. Die Champignons putzen, evtl. halbieren und in der erhitzten Butter kurz schwenken. 5 Minuten vor Ende der Garzeit unter das Ragout mischen.
8. Das Ragout mit Cognac verfeinern, noch einmal abschmecken und, falls nötig, etwas einkochen lassen. Mit frisch gehackter Petersilie bestreut servieren.
Salzkartoffeln oder frisches Baguette dazu reichen.

Pro Person:
Kalorien (kcal) 830
Eiweiß (g) 41
Fett (g) 65
Kohlenhydrate (g) 8

Die angegebene Garzeit bei allen Schmorgerichten ist immer die Mindestgarzeit. Gart man die Gerichte etwas länger, wird das Aroma noch intensiver.

LAMMCURRY

Die indische Variante des Gulasch wird mit Lamm zubereitet und mit orientalischen Gewürzen abgeschmeckt. Am wichtigsten ist dabei Curry, eine indische Würzmischung aus mindestens 12 verschiedenen Gewürzen. In Indien hat jede Familie ihre eigene Mischung, bei uns ist die Auswahl jedoch nicht sehr groß. Das beste Angebot findet man in Asien-Läden.

Für 4 Personen
Zubereitungszeit: 1 Stunde

- 800 g Lammfleisch aus der Schulter
- Salz, frisch gemahlener Pfeffer
- 6 Tomaten
- 2 Zwiebeln
- 2 Knoblauchzehen
- 4 EL Keimöl
- 1 TL Pimentpulver
- 1 bis 2 EL mildes Curry
- 1/4 l Kalbsfond
- Saft von 1 Zitrone
- 2 EL Kokosraspeln

1. Das Lammfleisch waschen, trockentupfen und in 2 cm große Würfel schneiden. Mit Salz und Pfeffer würzen.
2. Die Tomaten kurz blanchieren, häuten und in Stücke schneiden. Die Zwiebeln und Knoblauchzehen schälen und in Würfel schneiden.
3. Das Öl in einem Schmortopf erhitzen und das Fleisch darin rundherum anbraten.
4. Zwiebeln dazugeben und glasig dünsten. Mit Piment und Curry würzen, dann die Tomatenstücke und den Knoblauch in den Topf geben und gut durchrühren.
5. Mit Kalbsfond aufgießen, aufkochen lassen und 25 bis 30 Minuten zugedeckt bei schwacher Hitze schmoren lassen.
6. Mit Zitronensaft und, falls nötig, mit Salz und Pfeffer abschmecken und zum Schluß die Kokosraspeln darunterrühren. Rasch aufkochen lassen und sofort servieren.

Pro Person:
Kalorien (kcal) 780
Eiweiß (g) 34
Fett (g) 64
Kohlenhydrate (g) 8

• Die Kokosraspeln verleihen dem Gericht nicht nur einen raffinierten Geschmack, sie sorgen auch für die nötige Bindung der Sauce.
• Vorsicht: Curry auf keinen Fall zu stark anrösten – er wird sonst bitter!

HASENPFEFFER MIT BACKPFLAUMEN

Hasenpfeffer wird aus dem sogenannten Kleinfleisch des Wildhasen – also Hals, Vorderläufe und Bauchfleisch – zubereitet. Lange geschmort, in gutem Wein und bei niedriger Temperatur, schmeckt dieses Fleisch besonders aromatisch. Möchte man das Rezept ein wenig abwandeln, verwendet man das Kleinfleisch von Reh, Wildschwein oder Hirsch.

Für 4 Personen
Zubereitungszeit: 3 Stunden

- 1,2 kg Hasenklein (Vorderläufe, Hals und Bauch)
- Salz
- frisch gemahlener Pfeffer
- 4 zerdrückte Wacholderbeeren
- je 1 Msp Piment-, Koriander- und Zimtpulver
- 1 TL Thymianblätter
- 2 Möhren
- 1 Petersilienwurzel
- 150 g Knollensellerie
- 100 g durchwachsener Räucherspeck
- 2 EL Keimöl
- 1 Lorbeerblatt
- 3 EL Aceto Balsamico
- 2 EL Preiselbeersirup
- 1/2 l kräftiger Rotwein (Spätburgunder oder Rioja)
- 8 entkernte Backpflaumen
- 3 EL Portwein
- 2 EL Crème fraîche

1. Das Hasenfleisch gleich beim Wildhändler in gleichmäßige Stücke hacken lassen. Waschen, trockentupfen und mit Salz, Pfeffer und den Gewürzen einreiben.
2. Möhren, Petersilienwurzel und Sellerie waschen, schälen und wie den Räucherspeck in kleine Würfel schneiden.
3. Das Öl in einem Schmortopf erhitzen und die Speckwürfel darin bräunen. Dann das Fleisch dazugeben und rundherum scharf anbraten.
4. Das Lorbeerblatt und die Gemüsewürfel dazugeben, kurz anbraten und den Bratenfond mit Essig ablöschen. Einkochen lassen, dann mit Preiselbeersirup und Rotwein aufgießen. Aufkochen lassen und zugedeckt bei schwacher Hitze ca. 2 Stunden schmoren. Die Backpflaumen in Portwein einlegen.
5. Sobald sich das Fleisch leicht vom Knochen lösen läßt, die Backpflaumen samt Einweichflüssigkeit und Crème fraîche daruntermischen. Bei geöffnetem Topf noch etwa 10 Minuten sämig einkochen. Mit Kartoffel- oder Semmelknödel servieren.

Pro Person:
Kalorien (kcal) 805
Eiweiß (g) 67
Fett (g) 46
Kohlenhydrate (g) 20

• Anstelle des Preiselbeersirups kann man auch eingelegte Preiselbeeren oder Preiselbeerkonfitüre verwenden.
• Wenn Sie einen frisch geschlachteten Wildhasen bekommen, können Sie die Sauce kurz vor Ende der Garzeit mit einigen Eßlöffeln frischem Wildblut binden. Nicht mehr kochen lassen, da das Blut sonst gerinnt!

1

2

3

1. Zickleinragout
1,5 kg Ragoutfleisch vom Zicklein (Hals, Vorderläufe, Bauchfleisch in kleine Stücke gehackt) waschen, trockentupfen und mit Salz und Pfeffer würzen. Mit einer Mischung aus 2 cm geriebener Ingwerwurzel, 2 feingehackten Knoblauchzehen und der abgeriebenen Schale von 1/2 unbehandelten Zitrone einreiben.
4 EL Olivenöl im Schmortopf erhitzen und das Fleisch darin rundherum anbraten. Mit 100 ml Noilly-Prat (trockener, französischer Wermut) und 1/8 l Fleischbrühe aufgießen und zugedeckt etwa 30 Minuten schmoren. 2 Bund Frühlingszwiebeln putzen, waschen und in dicke Scheiben schneiden. Nach 30 Minuten unter das Zickleinragout mischen. Weitere 30 Minuten schmoren. 1/8 l Sahne mit 2 EL grob zerkleinerten Frühlingskräutern verquirlen und nach Ende der Garzeit unter das Ragout mischen. Bei offenem Topf etwas einkochen lassen.

2. Wildkaninchenpfeffer
Bei einem Wildkaninchen am besten vom Wildhändler den Rücken auslösen und die restlichen Teile in Stücke hacken lassen. Den Rücken für ein anderes Rezept verwenden. Das Kaninchenfleisch waschen, trockentupfen und mit Salz und Pfeffer würzen. 150 g Speck und 5 geschälte Schalotten in Würfel schneiden. 400 g Champignons putzen und vierteln. Speckwürfel in einem Schmortopf glasig dünsten, Schalotten und Pilze dazugeben und mitdünsten. Dann in ein Sieb schütten. Das Bratfett auffangen und zurück in den Topf geben. Erhitzen und das Fleisch darin anbraten. Mit 200 ml trockenem Rotwein, 2 cl Cognac und 100 ml Fleischbrühe aufgießen. Speck, Schalotten, Pilze und je 1 Thymian-, Rosmarinzweig und Petersilienstengel dazugeben und zugedeckt bei schwacher Hitze 30 Minuten köcheln lassen. Die Kaninchenleber im Mixer fein pürieren und zum Schluß unter die Sauce rühren. Mit frisch gehackter Petersilie bestreuen.

3. Lammragout mit Auberginen und Zucchini
1 kg Lammnacken und schulter mit Knochen (in Stücke gehackt) waschen, trockentupfen und mit Salz und Pfeffer würzen. 40 g Butterschmalz im Schmortopf erhitzen und das Ragoutfleisch darin scharf anbraten, dann das Bratfett abgießen. Das Fleisch mit 2 EL Mehl bestäuben, 2 EL Tomatenmark darunterrühren und kurz anschwitzen. Mit 1/2 l Fleischbrühe aufgießen, 2 zerdrückte Knoblauchzehen, 1 Lorbeer-blatt und 2 Thymianzweige dazugeben und zugedeckt 1 Stunde köcheln lassen. In der Zwischenzeit 1 kleine Aubergine und 2 kleine Zucchini waschen und in Würfel schneiden. 12 Schalotten schälen und in Würfel schneiden. 40 g Butter in einer Pfanne erhitzen und das Gemüse darin dünsten. Mit 1/2 TL Puderzucker bestäuben und karamelisieren lassen. 10 Minuten vor Ende der Garzeit das Gemüse zum Lammragout geben und miteinander fertiggaren. Nochmals abschmecken und, falls nötig, den Bratenfond etwas einkochen lassen.

Internationales aus Pfanne und Wok

Schnell, abwechslungsreich und überaus raffiniert – so präsentieren sich die Pfannengerichte: variantenreiche Steaks, internationale Schnitzelkreationen, klassische Fleischpflanzerl und fernöstliche Wokgerichte!

FRANZÖSISCHES PFEFFERSTEAK

Bei der Zubereitung von Steaks braucht man ein bißchen Fingerspitzengefühl. Wichtig sind aber vor allem eine gute Pfanne, die richtige Temperatur und natürlich gut abgehangenes Fleisch. Und mit den exakten Schritt-für-Schritt-Anweisungen in diesem Rezept gelingt's bestimmt!

Für 4 Personen
Zubereitungszeit:
ca. 20 Minuten

- je 1 EL schwarze und weiße Pfefferkörner
- 4 Pimentkörner
- 4 gut abgehangene Rinderfiletsteaks (à 200 g)
- 2 EL Keimöl
- Salz
- 4 cl Cognac
- 20 g Butter
- 1/4 l Sahne

1. Pfeffer- und Pimentkörner entweder im Mörser oder mit dem breiten Rücken eines Küchenmessers grob zerkleinern.
2. Die Pfeffermischung auf ein Brett streuen, die Steaks darauflegen und die Mischung mit der Hand gut festdrücken. Wenden und auch die zweite Seite mit einer Pfefferkruste versehen.
3. Öl in einer Pfanne erhitzen. Die Steaks in das heiße Fett geben und bei größter Hitze 1 Minute braten. Wenden und die zweite Seite ebenfalls 1 Minute braten.
4. Die Hitze reduzieren und die Fleischscheiben 2 bis 4 Minuten pro Seite braten, je nachdem, ob das Steak rot, rosa oder durch sein soll (siehe Seite 28).
5. Die Steaks mit Salz bestreuen, aus der Pfanne nehmen und mit Alufolie umhüllen. Das Bratfett abgießen.
6. Die Temperatur erhöhen und den Bratenfond mit Cognac ablöschen. Die Butter in die Pfanne geben und unter Rühren die Sahne dazugießen. Die Sauce bei starker Hitze sämig einkochen lassen und mit Salz abschmecken.
7. Die Steaks auf einer Platte anrichten. Den entstandenen Fleischsaft unter die Sauce mischen und die Steaks damit überziehen. Mit Röstkartoffeln, Kartoffelkroketten oder Pommes frites servieren.

Pro Person:
Kalorien (kcal) 535
Eiweiß (g) 40
Fett (g) 38
Kohlenhydrate (g) 2

• Beschichtete Pfannen sind zum Steakbraten weniger geeignet. Am besten sind schwere Pfannen aus Gußeisen, Eisen oder Edelstahl. Der Boden muß unbedingt plan sein, damit eine gleichmäßige Hitzeverteilung gewährleistet ist. Der Bodendurchmesser der Pfanne muß mit dem der Kochplatte übereinstimmen.
• Wenn die Sauce etwas kalorienärmer sein soll, verwenden Sie nur die Hälfte der Sahne und binden die Sauce mit Fix-Soßenbinder binden.

Körner zerstoßen
Beide Pfeffersorten sowie die Pimentkörner in einen Mörser geben und grob zerstoßen oder mit Hilfe eines breiten Messerrückens zerdrücken. Die Mischung auf ein Brett streuen, die Steaks darin wenden und festdrücken.

Steaks anbraten
Das Öl in einer schweren Pfanne stark erhitzen. Die Steaks hineinlegen und 1 Minute braten. Vorsichtig mit einem Pfannenheber wenden und auch die andere Seite 1 Minute braten.

Steaks fertigbraten
Die Hitze auf mittlere Temperatur zurückschalten und die Filetsteaks je nach gewünschter Art 2 bis 4 Minuten braten. Dabei einmal vorsichtig wenden, anschließend salzen.

Steaks ruhen lassen
Die Steaks aus der Pfanne nehmen und mit einem großen Stück Alufolie umhüllen. Das Bratfett abgießen. Die Temperatur wieder auf höchste Stufe schalten.

Sauce zubereiten
Den Bratenfond mit Cognac ablöschen. Die Butter in die Pfanne geben, aufschäumen lassen und unter Rühren mit einem Kochlöffel die Sahne dazugießen. Die Sauce sämig einkochen lassen und mit Salz abschmecken.

ENTRECÔTE PROVENÇALE

Für 4 Personen
Zubereitungszeit: 15 Minuten

2 Knoblauchzehen
1 TL gerebelter Thymian
Salz, frisch gemahlener Pfeffer
4 Entrecôtes (à 200 g)
3 EL Olivenöl
1/8 l trockener Weißwein
1/8 l Fleischbrühe
2 feingehackte Sardellen
20 schwarze entsteinte Oliven
40 g eiskalte Butter
1 Thymianzweig

1. Knoblauch schälen und zerdrücken. Mit Thymian, Salz und Pfeffer vermischen und die Entrecôtes damit einreiben.

2. Das Öl erhitzen und die Entrecôtes, wie im Grundrezept auf Seite 67 beschrieben, braten. Dann mit Alufolie umhüllen.

3. Das Bratfett abgießen. Mit dem Weißwein und der Brühe aufgießen und die Sardellen dazugeben. Auf die Hälfte einkochen lassen.

4. Die grobgehackten Oliven in der Sauce erwärmen. Die Sauce mit Butterflöckchen binden (siehe Seite 29) und mit Thymianblättchen bestreut servieren.

Pro Person:
Kalorien (kcal) 545
Eiweiß (g) 42
Fett (g) 38
Kohlenhydrate (g) 0

RUMPSTEAK MIT ROTWEINZWIEBELN

Für 4 Personen
Zubereitungszeit: 30 Minuten

12 Schalotten
400 ml kräftiger Rotwein
2 EL Aceto Balsamico
2 EL Keimöl
4 Rumpsteaks (à 200 g)
Salz
frisch gemahlener Pfeffer
20 g eiskalte Butter

1. Die Schalotten schälen, halbieren und der Länge nach in schmale Spalten schneiden. Mit Rotwein und Essig in einen Topf geben und bei starker Hitze so lange kochen lassen, bis die Flüssigkeit fast verdampft ist.

2. Das Öl in einer schweren Pfanne erhitzen und die gewürzten Steaks darin, wie im Grundrezept auf Seite 67 beschrieben, braten. Aus der Pfanne nehmen und mit Alufolie umhüllen.

3. Die Rotweinschalotten im Bratenfond schwenken, Butterflöckchen darunterrühren und auf den Steaks anrichten.

Pro Person:
Kalorien (kcal) 475
Eiweiß (g) 42
Fett (g) 30
Kohlenhydrate (g) 3

FILET MIGNON MIT DATTELN

Für 4 Personen
Zubereitungszeit: 25 Minuten

- 8 frische Datteln
- 8 Scheiben Rinderfilet von der Filetspitze (à 90 g)
- Salz, frisch gemahlener Pfeffer
- 2 EL Keimöl
- 8 Scheiben Camembert, mit Edelpilzkäse durchzogen, z. B. Bavariablu oder Cambozola
- 5 EL Madeira
- 5 EL Fleischbrühe

1. Die Datteln schälen, halbieren und entkernen.
2. Die Fleischscheiben mit Salz und Pfeffer würzen und in dem heißen Öl pro Seite 1 bis 2 Minuten braten. Die Dattelhälften dazugeben und kurz mitbraten.
3. Dann jeweils zwei Dattelhälften auf eine Fleischscheibe legen und mit je 1 Scheibe Käse bedecken. Die Pfanne mit dem Deckel verschließen und den Käse in ca. 1 Minute schmelzen lassen.
4. Die Steaks auf eine vorgewärmte Platte legen, den Bratenfond mit Madeira und Brühe ablöschen, kurz durchkochen lassen und um die Steaks gießen.

Pro Person:
Kalorien (kcal) 390
Eiweiß (g) 39
Fett (g) 20
Kohlenhydrate (g) 8

T-BONE-STEAK MIT PILZEN

Für 4 Personen
Zubereitungszeit: 40 Minuten

- 1 Zwiebel
- 400 g Shiitake-Pilze
- 2 T-Bone-Steaks (à 500 g)
- Salz
- frisch gemahlener Pfeffer
- 2 EL Keimöl
- 50 g Rindermark
- 1 EL Dijon-Senf
- 4 cl Cognac
- 100 ml Sahne
- 2 EL gehackte Petersilie

1. Die Zwiebel schälen und in Würfel, die geputzten Pilze in Scheiben schneiden.
2. T-Bone-Steaks mit Salz und Pfeffer würzen und im heißen Öl bei höchster Hitze pro Seite 2 Minuten anbraten. Die Hitze reduzieren und in 6 bis 8 Minuten fertigbraten. Dann mit Alufolie umhüllen.
3. Währenddessen in einer zweiten Pfanne das in Stücke geschnittene Mark zerlassen und Zwiebelwürfel und Pilze darin dünsten. Mit Salz und Pfeffer würzen.
4. Das Bratfett von den Steaks abgießen. Die Pilzmischung sowie Senf, Cognac und Sahne in den Bratenfond geben und kurz durchkochen lassen. Petersilie daruntermischen und auf die T-Bone-Steaks geben.

Pro Person:
Kalorien (kcal) 720
Eiweiß (g) 45
Fett (g) 53
Kohlenhydrate (g) 6

REHMEDAILLONS MIT MORCHELN

Ein exzellentes Gericht für einen besonderen Anlaß! Die Zutaten sind nicht gerade billig, aber das Rezept gelingt sicher und auch Kochanfänger werden die Bewunderung ihrer Gäste ernten!

Für 4 Personen
Einweichzeit: 2 Stunden
Zubereitungszeit: 30 Minuten

- 20 g getrocknete Morcheln
- 1 TL gerebelter Thymian
- 4 Wacholderbeeren
- 2 Pimentkörner
- abgeriebene Schale von
- 1/2 unbehandelten Orange
- Salz
- frisch gemahlener Pfeffer
- 1 EL Mehl
- 8 Rehmedaillons aus dem
- Rücken geschnitten (à 90 g)
- 2 Schalotten
- 30 g Butter
- 200 ml Sahne
- 2 EL Keimöl
- 4 cl Armagnac
- 1/4 l Wildfond

1. Die Morcheln in reichlich lauwarmem Wasser einweichen.
2. Die Gewürze in einem Mörser fein zerstoßen und mit dem Mehl vermischen. Die Rehmedaillons darin wenden und die Mischung gut festdrücken.
3. Die Morcheln durch Filterpapier abgießen, das Einweichwasser auffangen. Dann noch einmal gründlich waschen, da sich in den Zwischenräumen der Pilze häufig Sand befindet. Die Schalotten schälen und in Würfel schneiden.
4. Die Butter in einem hohen Topf erhitzen und Schalotten sowie Pilze darin andünsten. Salzen und pfeffern und mit der Sahne aufgießen. Unter gelegentlichem Umrühren die Sahne etwa auf die Hälfte einkochen lassen.
5. Öl in einer Pfanne erhitzen und die Rehmedaillons bei mittlerer Hitze 2 bis 4 Minuten pro Seite braten. Aus der Pfanne nehmen und mit Alufolie umhüllen.
6. Das Bratfett abgießen und den Bratenfond mit Armagnac ablöschen. Einkochen lassen, dann mit Wildfond und 100 ml Einweichwasser aufgießen und bei starker Hitze um die Hälfte einkochen lassen.
7. Die Morcheln und die Sahnesauce daruntermischen und sämig einkochen lassen.
8. Die Medaillons auf eine vorgewärmte Platte legen und mit der Morchelsauce überziehen.

Pro Person:
Kalorien (kcal) 530
Eiweiß (g) 43
Fett (g) 34
Kohlenhydrate (g) 7

Rehmedaillons werden aus dem ausgelösten Fleisch des Rehrückens geschnitten. Lassen Sie sich beim Einkauf am besten die Knochen klein hacken und bereiten Sie daraus einen Wildfond zu.

HIRSCHKALBMEDAILLONS AUF HOLUNDERSAUCE

Wenn im Herbst die Holundersträucher voller schwarzer Beerendolden hängen und die Jagdzeit beginnt, sollten Sie es nicht versäumen, dieses raffinierte Gericht zu probieren. Zu anderen Jahreszeiten kann man auf eingemachte Holunderbeeren oder Holunderkonfitüre zurückgreifen.

Für 4 Personen
Zubereitungszeit: 30 Minuten

- 8 Hirschkalbmedaillons (à 90 g)
- Salz
- frisch gemahlener Pfeffer
- 1 TL geriebene Ingwerwurzel
- abgeriebene Schale von
- 1/2 unbehandelten Orange
- 2 EL Mehl
- 1/2 l Wildfond
- 1/8 l Holundersaft
- 250 g Holunderbeeren
- 5 zerdrückte Wacholderbeeren
- 80 g eiskalte Butter
- 2 cl Wacholderschnaps (Gin)

1. Die Hirschmedaillons mit Salz und Pfeffer, Ingwer und Orangenschale einreiben. In Mehl wenden und gut abklopfen.

2. Wildfond, Holundersaft und -beeren sowie die zerdrückten Wacholderbeeren zum Kochen bringen und auf ein Drittel einkochen lassen. Im Mixer oder mit einem Pürierstab fein pürieren und durch ein Sieb streichen.

3. Die Hälfte der Butter in einer Pfanne schmelzen lassen und die Medaillons bei mittlerer Hitze von jeder Seite etwa 3 bis 4 Minuten braten. Das Fleisch aus der Pfanne nehmen und mit Alufolie umhüllen.

4. Das Bratfett abgießen und den Bratenfond mit Wacholderschnaps ablöschen. Die Holundersauce dazugießen und kurz durchkochen lassen. Mit den restlichen Butterflöckchen die Sauce binden (siehe Seite 29).

5. Die Medaillons auf einer vorgewärmten Platte anrichten und mit der Sauce überziehen. Mit feinen Streifen von Orangenschale bestreuen und mit Semmelknödel servieren.

Pro Person:
Kalorien (kcal) 430
Eiweiß (g) 40
Fett (g) 23
Kohlenhydrate (g) 10

Ebenfalls sehr fein im Geschmack ist Damwild, das im Gehege gezüchtet wird. Es ist ein wenig fetter, dafür aber besonders zart!

ZWIEBELROSTBRATEN

Eigentlich entstammt der Zwiebelrostbraten der Wiener Küche. Allerdings hat er sich auch in Deutschland zu einem echten Klassiker entwickelt und darf auf keiner gutbürgerlichen Speisekarte mehr fehlen. Probieren Sie ihn aber doch auch selbst einmal aus!

Für 4 Personen
Zubereitungszeit: 45 Minuten

- 5 große Zwiebeln
- 4 Entrecôtes (à 180 g)
- Salz
- frisch gemahlener Pfeffer
- 80 g Butterschmalz
- 3 EL Keimöl
- 1 EL Mehl
- 1/4 l Fleischbrühe

1. Die Zwiebeln schälen, eine Zwiebel in kleine Würfel, die übrigen in feine Ringe schneiden. Am besten geht es mit einem Gurkenhobel.
2. Die Entrecôtes mit Salz und Pfeffer würzen.
3. Das Butterschmalz in einer Pfanne erhitzen und die Zwiebelringe darin unter gelegentlichem Wenden goldbraun braten.
4. Das Öl in einer schweren Pfanne erhitzen und die Entrecôtes bei starker Hitze 2 Minuten pro Seite scharf anbraten. Die Hitze reduzieren und weitere 3 bis 4 Minuten pro Seite braten. Das Fleisch aus der Pfanne nehmen und mit Alufolie umhüllen.
5. Die Zwiebelwürfel in das Bratfett geben, mit Mehl bestäuben und goldbraun anrösten. Mit Fleischbrühe begießen und bei starker Hitze sämig einkochen lassen. Mit Salz und Pfeffer herzhaft abschmecken.
6. Die gebratenen Zwiebelringe aus der Pfanne nehmen und auf einem Küchenpapier abtropfen lassen.
7. Die Entrecôtes auf einer vorgewärmten Platte anrichten. Mit der Sauce begießen und mit den goldbraunen Zwiebelringen bedecken.
8. Servieren sie dazu Röstkartoffeln oder Pommes frites und grünen Salat.

Pro Person:
Kalorien (kcal) 625
Eiweiß (g) 39
Fett (g) 46
Kohlenhydrate (g) 6

• Man kann die Zwiebelringe auch in einer Friteuse goldbraun braten.
• Noch knuspriger werden die Zwiebeln, wenn man sie kurz vor dem Braten mit Mehl bestäubt.

SCHWEINERÜCKENSTEAK MIT SONNENBLUMENKRUSTE

Die Sonnenblumenkerne verfeinern mit ihrem mild-nussigen Aroma, das durch das Rösten in der Pfanne noch verstärkt wird, den Geschmack des Steaks und geben diesem noch dazu einen knackigen Biß. Vielleicht etwas ungewöhnlich, dennoch am besten einfach ausprobieren. Sie werden überrascht sein!

Für 4 Personen
Zubereitungszeit: 30 Minuten

- 4 Schweinerückensteaks (à 150 g)
- Salz
- frisch gemahlener Pfeffer
- 4 EL Sonnenblumenkerne
- 80 g Butter
- 2 Eigelb
- 1 EL Paniermehl
- 2 EL gehackte Petersilie
- frisch geriebene Muskatnuß
- 2 EL Keimöl

1. Die Schweinerückensteaks waschen, trockentupfen und mit Salz und Pfeffer einreiben.
2. Die Sonnenblumenkerne in einer Pfanne ohne Zugabe von Fett rösten, abkühlen lassen und hacken.
3. Die weiche Butter mit den Eigelb verrühren. Sonnenblumenkerne, Paniermehl und Petersilie darunterrühren und mit Salz, Pfeffer und geriebener Muskatnuß herzhaft würzen. Die Creme muß weich und geschmeidig sein. Bei Bedarf noch etwas Paniermehl darunterrühren.
4. Den Grill vorheizen und in einer schweren Pfanne das Öl erhitzen. Die Steaks 3 bis 4 Minuten pro Seite bei mittlerer Hitze anbraten. Dann auf eine feuerfeste Platte legen und mit der Sonnenblumenpaste bestreichen.
5. Unter den Grill schieben und etwa 3 bis 4 Minuten gratinieren. Sofort servieren! Als Beilage Gemüse der Saison reichen.

Pro Person:
Kalorien (kcal) 650
Eiweiß (g) 33
Fett (g) 53
Kohlenhydrate (g) 3

• Die Steaks aus dem ausgelösten Kotelettstück sollen zwar durchgebraten sein, dürfen aber keinesfalls zu lange in der Pfanne bleiben, da das Fleisch sonst trocken und faserig wird.
• Die Sonnenblumenfarce schmeckt auch gut mit kurz gebratenen Lammkoteletts oder Kalbssteaks.

GEFÜLLTE SCHWEINEKOTELETTS AUF TÜRKISCHE ART

Kaum ein anderes Teilstück vom Schwein ist in Deutschland so beliebt. Das Kotelett ist nicht nur relativ preisgünstig, es ist auch rasch zubereitet und bleibt saftig. Es eignet sich ideal für die schnelle Küche.

Für 4 Personen
Zubereitungszeit: 40 Minuten

- 4 Stielkoteletts vom Schwein (à 250 g)
- frisch gemahlener Pfeffer
- 150 g Schafskäse
- 8 bis 10 Minzeblätter
- 1 Bund Petersilie
- 2 EL Mandeln
- 4 EL Olivenöl
- 4 Tomaten
- 1 Knoblauchzehe
- 1 Thymianzweig
- Salz
- 1/8 l Fleischbrühe

1. Die Koteletts waschen und trockentupfen. Das Fleisch ein wenig vom Knochenende lösen (siehe Seite 23). In jedes Kotelett eine Tasche schneiden, innen und außen mit Pfeffer würzen.

2. Den Schafskäse mit einer Gabel zerdrücken. Die Minze, die Hälfte der Petersilie und die Mandeln fein hacken und mit dem Schafskäse vermischen. Etwa 1 EL Olivenöl hinzufügen und so lange rühren, bis eine cremige Masse entstanden ist. Die Koteletts damit füllen und die Öffnungen mit Küchengarn zunähen.

3. Die Tomaten blanchieren, häuten, halbieren und in Stücke schneiden. Die Knoblauchzehe fein hacken.

4. Das restliche Öl in einer Pfanne erhitzen und die Koteletts darin bei mittlerer Hitze 5 bis 6 Minuten pro Seite braten. Aus der Pfanne nehmen und mit Alufolie umhüllen.

5. Tomatenstücke, Knoblauch und Thymian in das Bratfett geben und kurz andünsten. Salzen und pfeffern und mit Fleischbrühe aufgießen. Bei starker Hitze einige Minuten kochen lassen. Die restliche Petersilie hacken und daruntermischen.

6. Die Koteletts mit dem Tomatengemüse servieren.

Pro Person:
Kalorien (kcal) 755
Eiweiß (g) 57
Fett (g) 52
Kohlenhydrate (g) 11

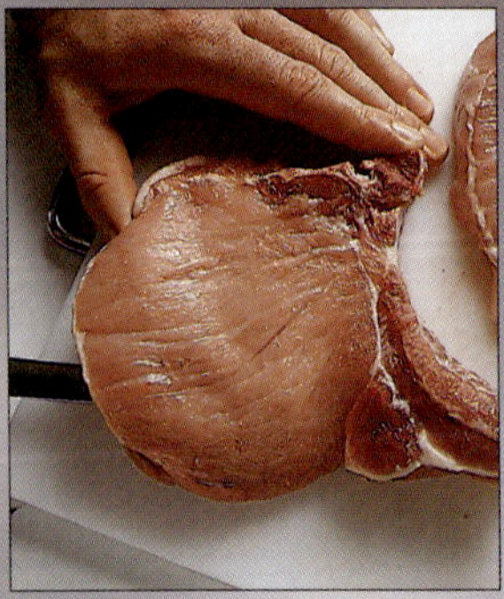

Tasche einschneiden
Das Fleisch der Koteletts ein wenig vom Knochenende lösen. Mit einem scharfen Messer vorsichtig bis zum Knochen eine Tasche einschneiden (siehe Seite 22).

Füllung vorbereiten
Schafskäse mit einer Gabel zerdrücken. Minze, Petersilie und Mandeln hacken und unter den Käse mischen. Ca. 1 EL Olivenöl dazugießen, bis die Masse streichfähig ist.

Koteletts braten
Die Öffnungen gut zunähen! Die Kochplatte auf mittlere Temperatur schalten. Das Öl in einer schweren Pfanne erhitzen und die Koteletts 5 bis 6 Minuten pro Seite braten.

Sie können die Koteletts statt der Tomatensauce auch mit einem feinen Knoblauchjoghurt servieren.

1. Schweinekoteletts mit Biersauce

Von 4 Schweinekoteletts (à 200 g) das Fleisch ein wenig vom Knochenende lösen und den Fettrand etwas einschneiden. Salzen und pfeffern. Die Koteletts in 2 EL Keimöl 4 bis 5 Minuten braten. Aus der Pfanne nehmen und mit Alufolie umhüllen. 2 EL Zwiebelwürfel, 2 EL Kümmel und 1 EL Mehl im Bratenfond andünsten. Mit 1/4 l Altbier und 1/8 l Fleischbrühe aufgießen und bei starker Hitze auf die Hälfte einkochen. Durch ein Sieb passieren. 2 Eigelb und 1/8 l Sahne verquirlen und unter die Sauce rühren (oder mit Fix-Soßenbinder andicken). Die Sauce erhitzen, aber nicht mehr kochen lassen und zu den Koteletts reichen.

2. Schweinekoteletts mit Paprika

Je 1 rote, grüne und gelbe Paprikaschote halbieren, entkernen und in feine Streifen schneiden. 1 Zwiebel schälen und in Scheiben schneiden, 2 Knoblauchzehen hacken. Von 4 Schweinekoteletts (à 200 g) das Fleisch ein wenig vom Knochenende lösen und den Fettrand etwas einschneiden. Mit Salz und Pfeffer würzen. 4 EL Olivenöl erhitzen und die Koteletts darin 4 bis 5 Minuten pro Seite braten. Aus der Pfanne nehmen und mit Alufolie umhüllen. Das Gemüse im Bratfett anbraten. 250 g Tomatenstücke hinzufügen und mit Salz, Pfeffer, 1 EL Paprikapulver (edelsüß) und etwas zerbröselter Pfefferschote würzen. Die Koteletts auf das Gemüse legen und zugedeckt noch einige Minuten schmoren.

3. Schweinekoteletts mit Senf-Kapern-Sauce

Von 4 Schweinekoteletts (à 200 g) das Fleisch ein wenig vom Knochenende lösen und den Fettrand etwas einschneiden. Salzen, pfeffern und in Mehl wenden. Die Koteletts in 40 g Butterschmalz 4 bis 5 Minuten pro Seite braten. 2 Zwiebeln schälen und in Würfel schneiden. Die Koteletts aus der Pfanne nehmen und mit Alufolie umhüllen. Das Bratfett abgießen, 30 g Butter in den Bratenfond geben und die Zwiebeln darin glasig dünsten. Mit 1/8 l Fleischbrühe und 200 ml Sahne aufgießen und bei starker Hitze sämig einkochen oder mit etwas Fix-Soßenbinder andicken. 2 EL kleine Kapern und 2 EL Dijon-Senf darunterrüh-ren, kurz erwärmen und die Koteletts mit der Sauce überziehen.

4. Kalbskoteletts mit Spinat und Mozzarella

Von 4 Kalbskoteletts (à 250 g) das Fleisch ein wenig vom Knochenende lösen und den Hautrand etwas einschneiden. Mit Salz und Pfeffer würzen. 2 EL Zwiebelwürfel in 2 EL Olivenöl glasig dünsten und 300 g Tiefkühl-Blattspinat darin bei schwacher Hitze auftauen lassen. Mit Salz, Pfeffer und Muskatpulver würzen. 2 EL Olivenöl in einer zweiten Pfanne erhitzen und die Koteletts bei mittlerer Hitze 4 bis 5 Minuten pro Seite braten. Auf jedes Kotelett etwas von dem Spinat geben, mit je 2 dicken Scheiben Mozzarella belegen und die Pfanne mit dem Deckel verschließen. Den Käse in wenigen Minuten schmelzen lassen. Mit frisch gemahlenem Pfeffer bestreuen.

1

2

3

4

KOTELETT AUF MAILÄNDER ART

Eigentlich ist dieses Gericht ein Außenseiter in der lombardischen Küche, in der Schmorgerichten den schnellen Kochmethoden im allgemeinen der Vorrang gegeben wird. Ob die Österreicher ihr beliebtes Wiener Schnitzel nun bei den Mailändern abgeschaut haben oder sich die Mailänder von den Österreichern inspirieren ließen, ist bis heute nicht eindeutig geklärt. Auf jeden Fall schätzt man in der Lombardei das panierte Kotelett mehr als das »Scalopine alla milanese« – das panierte Kalbsschnitzel. In Mehl darf es jedoch nie gewendet werden!

Für 4 Personen
Zubereitungszeit: 20 Minuten

- 4 etwa 2 cm dick geschnittene Kalbskoteletts (à 250 g)
- Salz
- frisch gemahlener Pfeffer
- 2 Eier
- 100 g frisch geriebenes Weißbrot
- 80 g Butter oder 4 EL Keimöl
- 1 Zitrone

1. Das Fleisch waschen und trockentupfen. Von den Koteletts das Fleisch ein wenig vom Knochenende lösen. Bei Bedarf den Rand etwas einschneiden, damit sich die Koteletts beim Braten nicht wölben (siehe Seite 23). Mit der platten Seite des Fleischklopfers oder eines Hackbeils flachklopfen, anschließend mit Salz und Pfeffer einreiben.

2. Die Eier in einem großen Teller verquirlen. In einem zweiten Teller das frisch geriebene Paniermehl bereitstellen.

3. Die Koteletts nacheinander erst durch die Eier ziehen und dann im Paniermehl wenden. Die Panade gut festdrücken.

4. Die Butter oder das Öl in zwei Pfannen erhitzen und die Koteletts bei mittlerer Hitze 3 bis 5 Minuten pro Seite braten. Sofort mit Zitronenvierteln belegen und servieren.

Pro Person:
Kalorien (kcal) 580
Eiweiß (g) 59
Fett (g) 28
Kohlenhydrate (g) 15

Das Mailänder Schnitzel wird auf die gleiche Weise zubereitet. Von der österreichischen Variante unterscheidet es sich vor allem durch die Art des Flachklopfens: Beim Wiener Schnitzel geschieht dies mit der gezackten Seite des Fleischklopfers, außerdem darf es in Mehl gewendet werden.

KALBSSCHNITZEL IN SENFKRUSTE

WÜRZIG PANIERTE LAMMKOTELETTS

Für 4 Personen
Marinierzeit: 1 Stunde
Zubereitungszeit: 20 Minuten

- 4 EL Dijon-Senf
- 100 g Magerjoghurt
- 4 EL gehackter Kerbel
- 4 Kalbsschnitzel (à 150 g)
- 2 EL Mehl
- 100 g Paniermehl
- Salz
- frisch gemahlener Pfeffer
- 60 g Butterschmalz oder
- 3 EL Keimöl
- 40 g Butter

1. Senf, Joghurt und Kerbel verrühren. Schnitzel in Mehl wenden und mit der Senfmischung bestreichen. Durch das mit Salz und Pfeffer gewürzte Paniermehl ziehen. Die Panade festdrücken und 1 Stunde im Kühlschrank ziehen lassen.
2. Das Butterschmalz oder Öl in einer Pfanne erhitzen und die Schnitzel 4 bis 5 Minuten pro Seite bei mittlerer Hitze braten. Dann das Bratfett abgießen, die Butter in der Pfanne zerlassen und über den Schnitzeln verteilen.

Pro Person:
Kalorien (kcal) 405
Eiweiß (g) 36
Fett (g) 19
Kohlenhydrate (g) 18

Für 4 Personen
Zubereitungszeit: 20 Minuten

- 8 Lammkoteletts (à 100 g)
- Salz
- frisch gemahlener Pfeffer
- 2 EL Dijon-Senf
- etwa 50 g Mehl
- 1 EL gerebelter Thymian
- 2 feingehackte Knoblauchzehen
- 2 Eier
- ca. 100 g Paniermehl
- 6 EL Olivenöl

1. Von den Lammkoteletts das Fleisch ein wenig vom Knochenende lösen (siehe Seite 23). Mit Salz und Pfeffer würzen und mit dem Senf bestreichen.
2. Das Mehl mit dem Thymian vermischen. Den Knoblauch unter die verquirlten Eier rühren.
3. Die Koteletts erst in Mehl, dann in Ei und zum Schluß in Paniermehl wenden.
4. Öl in einer Pfanne erhitzen und die Lammkoteletts bei mittlerer Hitze 3 bis 5 Minuten pro Seite braten.

Pro Person:
Kalorien (kcal) 980
Eiweiß (g) 37
Fett (g) 78
Kohlenhydrate (g) 20

CORDON BLEU

Bedeutende Persönlichkeiten erhielten vom Orden von Saint Esprit (»Heiliger Geist«), gestiftet 1578 vom französischen König Heinrich III, als Auszeichnung für bemerkenswerte Taten das »Blaue Band«, den »Cordon bleu«. Darunter waren auch einige große Köche. Einer von ihnen schuf für diesen Anlaß das gefüllte Kalbsschnitzel, das dann als Erinnerung nach dem Orden benannt wurde!

Für 4 Personen
Zubereitungszeit: 25 Minuten

- 4 Kalbsschnitzel (à 180 g)
- Salz
- frisch gemahlener Pfeffer
- 4 Scheiben Emmentaler Käse
- 4 Scheiben Kochschinken
- 1 bis 3 EL Mehl
- 2 Eier
- etwa 100 g Paniermehl
- 80 g Butter oder 4 EL Keimöl
- 1 Zitrone

1. In die Kalbsschnitzel am besten gleich vom Metzger eine Tasche schneiden lassen. Die Fleischscheiben waschen, trockentupfen und innen und außen sparsam mit Salz und Pfeffer würzen.
2. Mit je 1 Käse- und Schinkenscheibe füllen und die Öffnungen mit einem Zahnstocher zustecken.
3. Die gefüllten Schnitzel zuerst in Mehl, dann in den verquirlten Eiern und zum Schluß in Paniermehl wenden. Die Panade gut festdrücken.
4. Die Butter oder das Öl in einer großen oder zwei kleineren Pfannen erhitzen und die Schnitzel bei mittlerer Hitze pro Seite 5 bis 6 Minuten braten. Zwischendurch immer wieder wenden.
5. Mit Zitronenvierteln und jungem Gemüse nach Saison servieren.

Pro Person:
Kalorien (kcal) 550
Eiweiß (g) 51
Fett (g) 29
Kohlenhydrate (g) 15

Nachfolgend weitere Füllungen ganz unterschiedlicher Art:
- roher Schinken
- alter Gouda-Käse
- Mozzarella
- Sardellen und Kapern
- Kräuter
- gebratene Pilze
- und natürlich Füllungen nach eigener Phantasie!

PICCATA MILANESE

Dieses Gericht kombiniert alles, was kleine und große Kinder gerne mögen: panierte Schnitzel, Spaghetti und natürlich Tomatensauce!

Für 4 Personen
Zubereitungszeit: 40 Minuten

- 800 g vollreife Tomaten
- 2 EL Olivenöl
- 1 Zwiebel
- 2 Knoblauchzehen
- 1 Thymyianzweig
- 1 Lorbeerblatt
- 1/8 l Fleischbrühe
- Salz
- frisch gemahlener Pfeffer
- 8 Kalbsschnitzel (à 70 g)
- 100 g frisch geriebener Parmesan
- etwa 60 g Paniermehl
- 2 Eier
- 300 g Spaghetti
- 80 g Butter oder 4 EL Keimöl
- 1/2 Bund Basilikum

1. Die Tomaten kurz blanchieren, häuten und in Stücke schneiden. Öl erhitzen und die in Würfel geschnittene Zwiebel und die Knoblauchzehen darin glasig dünsten. Tomatenstücke und Kräuter dazugeben, mit Brühe aufgießen und Salz und Pfeffer würzen. Bei mittlerer Hitze etwas einkochen lassen.
2. Die Kalbsschnitzel mit der platten Seite des Fleischklopfers flachklopfen und mit Salz und Pfeffer würzen.
3. 50 g Parmesan mit dem Paniermehl vermischen. Die Schnitzel erst durch die verquirlten Eiern, dann durch die Parmesanmischung ziehen. Die Panade gut festdrücken.
4. 3 Liter Salzwasser zum Kochen bringen und die Spaghetti darin nach Packungsanweisung »al dente« kochen.
5. Inzwischen die Butter oder das Öl in zwei Pfannen erhitzen und die Schnitzel bei mittlerer Temperatur 2 bis 3 Minuten pro Seite braten.
6. Die Spaghetti auf einen Durchschlag schütten, abtropfen lassen und auf 4 Teller verteilen. Jeweils 2 Schnitzel und etwas Tomatensauce darauf anrichten, mit Basilikumblättchen garnieren. Den restlichen Parmesan getrennt dazu servieren.

Pro Person:
Kalorien (kcal) 840
Eiweiß (g) 54
Fett (g) 35
Kohlenhydrate (g) 71

Wenn es schnell gehen soll, kann man auch auf Tomatenstücke aus der Packung zurückgreifen.

KLEINE KALBSSCHNITZEL MIT GORGONZOLACREME

Diese kleinen Schnitzel werden nicht nur in der Heimat des Gorgonzolas gerne gegessen. Auch bei uns kommt das abwechslungsreiche Schnellgericht immer öfter auf den Tisch. Besonders in den heißen Sommermonaten oder nach einer üppigen Vorspeise ist ein kleines Hauptgericht genau das Richtige.

Für 4 Personen
Zubereitungszeit: 10 Minuten

- 8 kleine, dünn geschnittene Kalbsschnitzel aus der Blume (à 70 g)
- Salz
- frisch gemahlener Pfeffer
- 1/8 l Sahne
- 150 g Gorgonzola
- 1 EL Olivenöl
- 20 g Butter
- 2 cl Grappa

1. Die Kalbsschnitzel mit der platten Seite eines Fleischklopfers vorsichtig klopfen. Mit Salz und Pfeffer würzen.
2. Die Sahne und den in Stücke zerteilten Gorgonzola mit einem Pürierstab oder im Mixer fein pürieren.
3. Das Öl und die Butter in einer großen Pfanne erhitzen und die Schnitzel darin bei mittlerer Temperatur etwa 2 Minuten pro Seite braten. Aus der Pfanne nehmen und mit Alufolie umhüllen.
4. Das Bratfett abgießen und die Temperatur auf höchste Stufe schalten. Den Bratenfond mit Grappa ablöschen und einkochen lassen. Dann mit der Gorgonzola-Sahne aufgießen und in wenigen Minuten sämig einkochen lassen.
5. Die Schnitzel mit der Gorgonzolacreme überziehen. Mit Tagliatelle, einem kleinen Salat oder Weißbrot servieren.

Pro Person:
Kalorien (kcal) 420
Eiweiß (g) 37
Fett (g) 27
Kohlenhydrate (g) 1

- Wer es würziger liebt, nimmt anstelle des Gorgonzolas den etwas kräftigeren Roquefort. Zum Ablöschen verwendet man dann Amontillado-Sherry (medium) oder auch Madeira.
- Man kann selbstverständlich auch kleine, dünne Schweineschnitzel auf diese Weise zubereiten.
- Auf jeden Fall sollte man aber auf gute Fleischqualität achten!

1

2

3

1. Kalbsschnitzel mit Zitronensauce

8 kleine, dünn geschnittene Kalbsschnitzel aus der Blume (à 70 g) mit Salz und Pfeffer würzen und in Mehl wenden. Das überschüssige Mehl abklopfen. 1 EL Olivenöl und 20 g Butter in einer Pfanne erhitzen und die Fleischscheiben darin bei mittlerer Hitze ca. 2 Minuten pro Seite braten. Aus der Pfanne nehmen und mit Alufolie umhüllen. Den Bratenfond mit dem Saft von 1 Zitrone und 2 cl Noilly Prat ablöschen und kurz durchkochen lassen. 1/2 Bund Petersilie fein hacken und mit 2 EL kleinen Kapern daruntermischen und über den Schnitzeln verteilen. Mit Zitronenscheiben garnieren.

2. Kalbsschnitzel mit Salbei und Marsala

8 kleine, dünn geschnittene Kalbsschnitzel aus der Blume (à 70 g) mit Salz und Pfeffer würzen. Jedes Schnitzel mit 1 großen oder 2 kleinen Salbeiblättern belegen und mit 1/2 hauchdünn geschnittenen Scheibe Parmaschinken bedecken. Mit einem Zahnstocher feststecken. 2 EL Olivenöl und 20 g Butter erhitzen und die Schnitzel darin ca. 2 Minuten bei mittlerer Hitze braten. Aus der Pfanne nehmen und warm stellen. Das Bratfett abgießen und den Bratenfond mit 5 cl Marsala ablöschen. Aufkochen lassen und 30 g Butter darin schmelzen lassen. Die Fleischscheiben damit überziehen.

3. Schweineschnitzel mit Fenchelsamen

8 dünn geschnittene Schweineschnitzel aus der Oberschale (à 70 g) mit Salz und Pfeffer würzen und in Mehl wenden. Das überschüssige Mehl abklopfen. 1 EL Keimöl und 20 g Butter erhitzen und die Fleischscheiben bei mittlerer Hitze 2 bis 3 Minuten pro Seite anbraten. Aus der Pfanne nehmen und mit Alufolie umhüllen. Das Bratfett abgießen, 2 Msp Fenchelsamen in die Pfanne geben und mit 1/8 l trockenem Weißwein aufgießen. Etwas einkochen und 30 g Butter darin schmelzen lassen. Die Schnitzel damit überziehen und mit Petersilienblättchen bestreuen.

ZÜRCHER GESCHNETZELTES

Das in feine Streifen geschnittene Kalbfleisch mit der Sahnesauce ist weit über die Grenzen der Schweiz hinaus bekannt. Obwohl im ursprünglichen Rezept unter den Zutaten keine Pilze zu finden sind, wird das Zürcher Geschnetzelte fast überall mit Champignons zubereitet. Als Beilage werden traditionell Rösti serviert, körnig gekochter Reis harmoniert aber auch gut damit.

Für 4 Personen
Zubereitungszeit: 40 Minuten

- 4 Kalbsschnitzel (à 150 g)
- Salz
- frisch gemahlener Pfeffer
- 500 g Champignons
- 4 Schalotten
- 2 EL Keimöl
- 40 g Butter
- 1/8 l trockener Weißwein
- 1/8 l Fleischbrühe
- 200 ml Sahne
- 1 bis 2 EL Fix-Soßenbinder
- 1/2 Bund Petersilie

1. Das Fleisch quer zur Faser in etwa 1 cm breite Streifen schneiden. Mit Salz und Pfeffer würzen.
2. Die Champignons putzen, nur falls nötig waschen und in dünne Scheiben schneiden. Die Schalotten schälen und in kleine Würfel schneiden.
3. Das Öl und 20 g Butter erhitzen und die Fleischstreifen bei starker Hitze unter ständigem Rühren 3 bis 4 Minuten anbraten. Dann mit einem Schaumlöffel aus der Pfanne heben und warm halten.
4. Die restliche Butter in der Pfanne zerlassen und erst die Schalottenwürfel darin glasig dünsten, dann die Pilze dazugeben und unter Rühren bei starker Hitze goldbraun braten. Mit Salz und Pfeffer würzen und zum Fleisch geben.
5. Das Bratfett abgießen und den Bratenfond mit Wein ablöschen. Aufkochen lassen, mit Brühe und Sahne aufgießen und bei starker Hitze einige Minuten kochen lassen. Entweder mit Fix-Soßenbinder binden oder so lange einkochen lassen, bis die Sauce sämig ist.
6. Fleisch und Pilze daruntermischen und in der Sauce erwärmen. Zum Schluß mit frisch gehackter Petersilie bestreuen.

Pro Person:
Kalorien (kcal) 405
Eiweiß (g) 36
Fett (g) 25
Kohlenhydrate (g) 4

• Das Fleisch darf in der Sauce nicht mehr kochen, da es sonst zäh wird.
• Anstelle der Champignons können Sie auch Shiitake-Pilze oder Steinpilze verwenden. Das entspricht zwar nicht dem Originalrezept, schmeckt aber köstlich!

BŒUF STROGANOFF

Zu Ehren des Grafen Stroganow, dessen Verdienst es war, daß Sibirien erschlossen wurde, erfand man das nachfolgende Gericht und benannte es nach ihm. »Bœuf Stroganoff« wird aus gebratenen Rinderfiletstreifen und Zwiebeln zubereitet, die mit einer Sauce aus Senf und saurer Sahne gekrönt werden. Wie bei fast allen berühmten Rezepten gibt es auch davon diverse Abwandlungen. Hier ist eine Version mit Pilzen und Essiggurken.

Für 4 Personen
Zubereitungszeit: 30 Minuten

- 2 große Zwiebeln
- 250 g Champignons
- 2 mittelgroße Essiggurken
- 600 g Rinderfiletspitzen
- Salz
- frisch gemahlener Pfeffer
- 3 EL Keimöl
- 20 g Butter
- 1 EL Mehl
- 200 ml Fleischbrühe
- 100 g saure Sahne
- 100 g Crème fraîche
- 1 EL Dijon-Senf
- Saft von 1/2 Zitrone

1. Die Zwiebeln schälen und in kleine Würfel schneiden. Die Pilze putzen, nur falls nötig waschen und in dünne Scheiben, die Essiggurken erst der Länge nach in dünne Scheiben, dann in feine Streifen schneiden. Das Fleisch erst in 1 cm dicke Scheiben, dann in 1 cm breite Streifen schneiden. Mit Salz und Pfeffer würzen.

2. Das Öl erhitzen und die Fleischstreifen portionsweise bei starker Hitze etwa 2 bis 3 Minuten anbraten. Das Fleisch aus der Pfanne nehmen und wam halten.

3. Das Bratfett abgießen. Die Butter in die Pfanne geben und Zwiebeln und Pilze darin andünsten. Mit dem Mehl bestäuben und kurz anschwitzen. Mit Brühe aufgießen, aufkochen lassen und die saure Sahne und Crème fraîche hinzufügen. Bei starker Hitze unter Rühren sämig einkochen lassen.

4. Zum Schluß das Fleisch, den Senf und die Essiggurken daruntermischen und mit dem Zitronensaft und gegebenenfalls nochmals mit Salz und Pfeffer herzhaft abschmecken.

Pro Person:
Kalorien (kcal) 390
Eiweiß (g) 34
Fett (g) 24
Kohlenhydrate (g) 6

• Wer mehr Sauce möchte, läßt sie nicht so lange einkochen und bindet sie mit Fix-Soßenbinder.
• Senf sollte man nicht zu lange mitkochen lassen, da er dabei sein feines Aroma verliert!

BAYERISCHE FLEISCHPFLANZERL

Überall auf der Welt werden sie gegessen – die Fleischküchlein: Ob als amerikanischer Hamburger aus feinstem Rindfleisch aus der Keule und ein wenig zerstoßenem Eis oder als Bulette aus Berlin und Frikadelle aus Norddeutschland, die bis zu einem Drittel eingeweichte Brötchen enthalten dürfen. Oder als echt bayerische Fleischpflanzerl, die gehackte Petersilie und Majoran und neben dem Brötchen auch noch 1 Ei mehr (auf 600 g Fleisch) enthalten. Hier also die bayerische Version! (Weitere Versionen finden Sie auf der nächsten Doppelseite.)

Für 4 Personen
Zubereitungszeit: 45 Minuten

- 300 g gehacktes Rindfleisch
- 300 g gehacktes Schweinefleisch
- 1 Zwiebel
- 40 g Butter
- 1 Brötchen
- 1/8 l heiße Milch
- 1/2 Bund glatte Petersilie
- 2 Eier
- 1/2 TL gerebelter Majoran
- Salz
- frisch gemahlener Pfeffer
- 1 TL scharfer Senf
- 4 EL Keimöl

1. Das Fleisch in einer Schüssel vermischen. Die Zwiebel schälen, in kleine Würfel schneiden und in 20 g Butter glasig dünsten.
2. Das Brötchen in der Milch einweichen. Die Petersilie hacken.
3. Die gedünsteten Zwiebeln, das ausgedrückte Brötchen, die gehackte Petersilie sowie Eier, Majoran, 1/2 TL Salz, Pfeffer und Senf zum Fleisch geben und alles mit den Händen gründlich zu einem Teig verkneten.
4. Mit angefeuchteten Händen runde, aber nicht zu dicke Fleischpflanzerl formen und nebeneinander auf ein nasses Brett legen.
5. Das Öl und die restliche Butter in einer großen oder zwei kleineren Pfannen erhitzen und die Fleischpflanzerl hineingeben. Bei mittlerer Hitze 4 bis 6 Minuten pro Seite braten. Mit bayerischem Kartoffelsalat servieren.

Pro Person:
Kalorien (kcal) 700
Eiweiß (g) 40
Fett (g) 52
Kohlenhydrate (g) 8

- In Berlin ißt man Buletten am liebsten kalt mit scharfem Senf.
- Zur Lockerung kann neben eingeweichten Brötchen auch eingeweichtes Schwarzbrot, eingeweichtes Paniermehl, 1 Tasse gekochter Reis oder eine Mehlschwitze unter den Fleischteig gemischt werden.
- Normalerweise werden die Fleischküchlein so groß geformt, daß 2 Stück pro Person für eine Mahlzeit ausreichen. Man kann aber selbstverständlich auch mundgerechte »Miniplätzchen« oder kleine längliche Würstchen daraus formen.

Zutaten vorbereiten
Die beiden Fleischsorten in einer Schüssel vermischen. Die Zwiebel schälen, in Würfel schneiden und in 20 g Butter glasig dünsten. Brötchen in heißer Milch einweichen, die Petersilie hacken.

Fleischteig zubereiten
Das Brötchen ausdrücken und mit der angedünsteten Zwiebel, der Petersilie und den Eiern zum Fleisch geben. Mit Majoran, etwa 1/2 TL Salz, Pfeffer und Senf würzen und mit den Händen zu einem glatten Teig verkneten.

Fleischpflanzerl formen
Die Hände anfeuchten und 8 gleichgroße, nicht zu dicke Fleischpflanzerl formen. Den Rand gut andrücken, damit nichts absteht und nebeneinander auf ein nasses Brett oder Tablett legen.

Anbraten
Die Kochplatte auf mittlere Temperatur schalten. Entweder in einer großen oder zwei kleineren Pfannen Öl und Butter zerlassen. Die Fleischpflanzerl mit Hilfe einer Palette in das Fett setzen und 4 bis 6 Minuten braten.

Fertigbraten
Die Fleischpflanzerl vorsichtig wenden und mit der Palette etwas in Form drücken. Auch die zweite Seite 4 bis 6 Minuten braten. Darauf achten, daß die Fleischpflanzerl durchgebraten sind – bei Bedarf die Garzeit verlängern!

VARIATIONEN VON FLEISCHKÜCHLEIN

Die Zutaten aus dem vorhergehenden Grundrezept können Sie nach Herzenslust variieren. Verwenden Sie unterschiedliche Fleischsorten, Lockerungsmittel und andere Gewürze oder mischen Sie kleingehacktes Gemüse unter den Fleischteig. Die Möglichkeiten sind unerschöpflich.

Für 4 Personen
Zubereitungszeit:
20 bis 30 Minuten

1. Bayerische Netzpflanzerl
1 bis 2 Schweinenetze in lauwarmem Wasser einweichen. Aus 300 g gehacktem Rindfleisch und 300 g rohem Bratwurstbrät, 1 großen gehackten und angedünsteten Zwiebel, 2 Eiern, 1 eingeweichten Brötchen, Salz, Pfeffer, 1 EL Majoran und 2 EL gehackter Petersilie einen Fleischteig zubereiten und 8 Küchlein formen. Das Schweinenetz ausbreiten, trockentupfen und in 8 so große Stücke zerschneiden, daß jeweils ein Küchlein damit umhüllt werden kann. Die Pflanzerl damit einschlagen, die Ränder an der Unterseite übereinanderlegen und mit dieser Seite in das heiße Fett geben. Bei mittlerer Hitze 6 bis 8 Minuten pro Seite braten. Mit Kartoffel-Gurken-Salat servieren.

2. Hacksteaks nordische Art
100 g Möhren in kleine Würfel, 100 g Lauch in feine Streifen schneiden und in 20 g Butter andünsten. Mit 1 EL Kapern und 1 TL feingehackten Sardellen unter 600 g gemischtes, gehacktes Fleisch (Rind/Schwein) mengen. 1 eingeweichtes Brötchen, 1 Ei und 1 EL feingeschnittenen Dill hinzufügen und mit Salz und Pfeffer würzen. 8 runde Hacksteaks formen, in Paniermehl wenden und in 5 EL erhitztem Keimöl bei mittlerer Hitze 4 bis 6 Minuten pro Seite braten. Mit Bratkartoffeln und Rote-Bete-Salat servieren.

3. Hacksteaks mit Mozzarella gefüllt
600 g gehacktes Rindfleisch, je 1 gehackte, gedünstete Zwiebel und Knoblauchzehe, 1 Ei, 1 eingeweichtes Brötchen, Salz, Pfeffer und 1 TL gerebelten Oregano vermengen. 150 g Mozzarella in Würfel schneiden und mit 1/2 Bund feingeschnittenem Basilikum vermischen. Die Steaks damit füllen. In Olivenöl bei mittlerer Hitze 4 bis 5 Minuten pro Seite braten, aus der Pfanne nehmen und warm halten. 2 EL Olivenöl erhitzen und 2 EL Zwiebelwürfel und 1 gehackte Knoblauchzehe darin andünsten. 4 gehäutete, in Stücke geschnittene Tomaten dazugeben, kurz andünsten, mit Salz und Pfeffer würzen und über den Steaks verteilen. Mit Basilikum garnieren.

4. Hacksteaks mit Essigschalotten
Aus 600 g gehacktem Kalbfleisch nach dem Grundrezept auf Seite 85 (ohne Majoran) einen Fleischteig zubereiten und 8 Hacksteaks formen. 400 g Schalotten schälen und vierteln, in 3 EL Olivenöl andünsten, mit 1 EL Puderzucker bestäuben und mit je 3 EL Aceto Balsamico und Madeira begießen. Salzen und pfeffern und so lange bei mittlerer Hitze dünsten, bis die Schalotten weich sind und die Flüssigkeit verdampft ist. In einer zweiten Pfanne 4 EL Öl erhitzen und die Hacksteaks darin bei mittlerer Hitze 4 bis 5 Minuten pro Seite braten. Mit den Essigschalotten belegen.

1

2

3

4

5

6

7

8

5. Köfte (Türkische Hackfleischkeulchen)
Einen Fleischteig aus 300 g gehacktem Lammfleisch und 300 g gehacktem Rindfleisch, 50 g gekochtem Reis, 1 Eigelb, 50 g geriebenem Pecorino (Hartkäse aus Schafsmilch), 1 EL gerebeltem Thymian, 2 EL gehackter Petersilie und 1 EL feingeschnittenem Dill zubereiten. Mit einem Eßlöffel etwas vom Fleischteig abstechen und kleine, längliche Keulchen formen. Zuerst in Mehl, dann in 2 verquirlten Eiern wenden und sofort in 5 EL heißem Keimöl rundherum etwa 6 bis 8 Minuten braten. Mit frischen Tomatenscheiben anrichten und Knoblauchjoghurt dazu reichen. In der Türkei nennt man diese Hackfleischkeulchen »Frauenschenkel«.

6. Arabische Hackbällchen
Aus 600 g gehacktem Rindfleisch, 50 g gekochtem Reis, 1 Ei, 1 kleinen, in winzige Würfel geschnittenen roten Paprikaschote, 1 EL feingeschnittenen, getrockneten Aprikosen und je 1 EL gehackten Pinien- und Pistazienkernen einen Fleischteig zubereiten. Mit 1 Prise Piment, 1 Msp Safran, 1 EL feingeschnittenen Minzeblättern sowie Salz und Pfeffer würzen. Kleine Bällchen mit einem Durchmesser von etwa 2 bis 3 cm formen. 5 EL Keimöl in einer großen Pfanne erhitzen und die Bällchen darin rundherum 6 bis 8 Minuten bei mittlerer Hitze braten.

7. Indische Hacksteaks
Aus 600 g gehacktem Lammfleisch, 50 g gekochtem Reis, 1 Ei, 1 sehr fein geschnittenen Ananasscheibe, 100 g in winzige Würfel geschnittenem Mangofruchtfleisch sowie 1 gehackten Chilischote einen Fleischteig zubereiten. Mit 1 EL Currypulver, 1 Msp gemahlenem Kreuzkümmel, 1 EL Paprikapulver (edelsüß), 1 Msp geriebener Muskatnuß und 1 TL grünen, gehackten Pfefferkörnern würzen. 8 ovale Hacksteaks daraus formen und in 5 EL erhitztem Keimöl bei mittlerer Hitze 5 Minuten pro Seite braten.

8. Griechische Hacksteaks mit Fetakäse gefüllt
Aus 600 g gehacktem Lammfleisch, 1 eingeweichtem Brötchen, 1 Ei sowie 1 in Würfel geschnittenen Zwiebel und 2 bis 3 gehackten, angedünsteten Knoblauchzehen einen Fleischteig zubereiten. Mit 1 EL gerebeltem Thymian, 1 1/2 TL gehackten Rosmarinnadeln, Salz und Pfeffer würzen. 200 g Fetakäse in längliche Streifen schneiden und mit Fleischteig umhüllen. Längliche Laibchen formen und in Sesamsamen wenden. In 5 EL erhitztem Olivenöl bei mittlerer Hitze 4 bis 5 Minuten pro Seite braten.

ASIATISCHE HACKFLEISCHPFANNE

Mag die Zutatenliste auch ein wenig ungewöhnlich klingen, es lohnt sich, dieses preiswerte Gericht nachzukochen, denn es schmeckt phantastisch und ist rasch zubereitet.

Für 4 Personen
Zubereitungszeit: 30 Minuten

- 1 kleiner Weißkohl (ca. 700 g)
- 125 g japanische Weizennudeln (Chuka Soba)
- 4 bis 5 EL Keimöl
- 500 g gehacktes Rindfleisch
- Salz
- frisch gemahlener Pfeffer
- 1 EL Dayong (chinesische Gewürzmischung)
- 4 bis 5 EL Sojasauce

1. Den Weißkohl halbieren, äußere welke Blätter und den Strunk entfernen. Die Hälften in sehr feine Streifen schneiden. Am besten geht es mit einem Gurkenhobel.
2. In einem Kochtopf reichlich Salzwasser zum Kochen bringen und die Nudeln darin in wenigen Minuten nach Packungsanweisung bißfest kochen.
3. 2 EL Öl in einem Wok erhitzen und das Hackfleisch in kleinen Portionen unter Rühren mit einem Kochlöffel anbraten. Mit einem Schaumlöffel aus dem Wok heben und warm halten. Das restliche Öl in den Wok geben und die Weißkohlstreifen nach und nach unter Rühren darin glasig dünsten. Sie dürfen nicht bräunen.
4. Die Nudeln auf einen Durchschlag schütten und gut abtropfen lassen. Dann etwas kleinschneiden und mit dem gebratenen Hackfleisch unter die Kohlstreifen mischen. Mit Salz, Pfeffer, Dayong und Sojasauce würzig abschmecken.

Pro Person:
Kalorien (kcal) 525
Eiweiß (g) 35
Fett (g) 27
Kohlenhydrate (g) 28

Vorbereiten
Weißkohl halbieren, äußere Blätter und Strunk entfernen, dann in Streifen hobeln. Nudeln in Salzwasser bißfest kochen. Auf einem Durchschlag abtropfen lassen und kleinschneiden.

Pfannenrühren
2 EL Keimöl im Wok erhitzen, das Hackfleisch portionsweise bei starker Hitze anbraten. Herausnehmen und warm halten. Dann bei mittlerer Temperatur die Kohlstreifen glasig dünsten.

Fertigstellen
Das körnig gebratene Hackfleisch und die Nudeln mit den Kohlstreifen vermischen. Mit Salz, Pfeffer, Dayong und Sojasauce würzen und kurz miteinander erhitzen.

PFANNENGERÜHRTES RINDFLEISCH

Für 4 Personen
Zubereitungszeit: 30 Minuten

- 1 Bund junge Möhren
- 1 große Lauchstange
- 2 Selleriestangen
- 1 rote Paprikaschote
- 2 Entrecôtes (à 200 g)
- 3 EL Keimöl
- 4 cl Fino-Sherry
- 100 g Tiefkühl-Erbsen
- 2 EL Sojasauce
- Salz, frisch gemahlener Pfeffer
- 1 EL Curry, 1 TL Hoisin-Sauce
- 1 EL Petersilienblättchen

1. Das Gemüse putzen und waschen. Möhren, Lauch und Selleriestangen in feine Scheiben, die geputzte Paprikaschote in schmale Streifen schneiden. Die Entrecôtes in 1 cm breite Streifen schneiden.
2. Das Öl im Wok erhitzen und die Fleischstreifen 3 bis 4 Minuten bei starker Hitze darin anbraten. Aus dem Wok nehmen und warm halten.
3. Die Hitze reduzieren und nach und nach das vorbereitete Gemüse unter Rühren anbraten. Mit Sherry begießen, die Erbsen daruntermischen und mit Sojasauce, Salz, Pfeffer, Curry und Hoisin-Sauce würzen. Kurz durchkochen lassen, das Fleisch und die Petersilie daruntermischen.

Pro Person:
Kalorien (kcal) 335
Eiweiß (g) 26
Fett (g) 18
Kohlenhydrate (g) 13

SCHWEINEFILET MIT WIRSING

Für 4 Personen
Zubereitungszeit: 30 Minuten

- 1 kleiner Wirsing (ca. 600 g)
- 200 g Shiitake Pilze
- 500 g Schweinefilet
- Salz, frisch gemahlener Pfeffer
- 3 EL Keimöl
- 2 EL Zwiebelwürfel
- 2 gehackte Knoblauchzehen
- 1 TL geriebene Ingwerwurzel
- 1 EL Curry
- etwas Cayennepfeffer
- 100 ml Fleischbrühe
- 2 bis 3 EL Sojasauce
- 1 EL gehackte Petersilie

1. Den Wirsing halbieren, äußere Blätter und Strunk entfernen und die Hälften in feine Streifen schneiden. Pilze putzen und in Scheiben schneiden. Das Fleisch in Streifen schneiden und mit Salz und Pfeffer würzen.
2. Öl im Wok erhitzen und das Fleisch bei starker Hitze anbraten. Aus dem Wok nehmen und warm halten.
3. Die Hitze reduzieren und Zwiebeln, Knoblauch und Pilze nach und nach unter Rühren anbraten. Mit Ingwer, Curry und Cayenne würzen und mit Brühe und Sojasauce aufgießen. Kurz durchkochen lassen, das Fleisch und die Petersilie daruntermischen.

Pro Person:
Kalorien (kcal) 380
Eiweiß (g) 30
Fett (g) 23
Kohlenhydrate (g) 8

SÜSS-SAURE SCHWEINERIPPCHEN

Schweinerippchen in süß-saurer Sauce sind die Leibspeise vieler Asiaten. Die Gewürzmischungen unterscheiden sich zwar von Region zu Region, aber die Zubereitungsweise im Wok ist überall die gleiche. Am besten schmecken die Rippchen, wenn man sie zuvor über Nacht mariniert.

Für 4 Personen
Marinierzeit: mind. 4 Stunden
Zubereitungszeit: 45 Minuten

- 1,5 kg fleischige Schweinerippchen
- 2 Knoblauchzehen
- 1 Zwiebel
- 2 EL dunkle Sojasauce
- 4 cl Fino-Sherry
- 1 EL Tomatenmark
- 1 TL brauner Zucker
- 1 EL Paprikapulver, edelsüß
- 2 TL Fünf-Gewürz-Pulver (im Asien-Laden erhältlich)
- abgeriebene Schale von 1/2 unbehandelten Orange
- 1 kleine Chilischote
- 2 Zitronengrasstengel
- 4 EL Keimöl
- 1/2 l Wasser
- 1 Bund Frühlingszwiebeln
- 1 rote Paprikaschote
- 3 EL Sesamsamen

1. Die Schweinerippchen beim Metzger zweimal quer durchhacken und in einzelne Rippchen zerschneiden lassen. Waschen und gut trockentupfen.
2. Knoblauchzehen und Zwiebel schälen und hacken. In eine große Schüssel geben und mit Sojasauce, Sherry, Tomatenmark, Zucker, Paprika, Gewürzmischung und der Orangenschale verrühren. Chilischote und unteren Teil des Zitronengrases sehr fein hacken und daruntermischen. Die Rippchen mit der Marinade vermengen und zugedeckt mindestens 4 Stunden in den Kühlschrank stellen.
3. Öl im Wok erhitzen und die Rippchen nacheinander im heißen Fett bei starker Hitze rundherum anbraten. Mit der restlichen Marinade und dem Wasser aufgießen, umrühren und bei mittlerer Hitze unter gelegentlichem Rühren leise köcheln lassen.
4. Von den Frühlingszwiebeln die Wurzeln und das hintere grüne Ende entfernen. Die Paprikaschote waschen, vierteln, entkernen und quer in feine Streifen schneiden.
5. Das Gemüse unter die Schweinerippchen mischen und zugedeckt in 20 bis 30 Minuten gar schmoren.
6. Die Sesamsamen in einer Pfanne ohne Fett rösten.
7. Sobald die Schweinerippchen weich sind, mit Sesamsamen bestreuen und mit Reis servieren.

Pro Person:
Kalorien (kcal) 660
Eiweiß (g) 51
Fett (g) 44
Kohlenhydrate (g) 6

Anstelle der Frühlingszwiebeln kann man auch jungen, in Scheiben geschnittenen Lauch daruntermischen. Und gut schmecken auch eingeweichte, mitgekochte Tongu-Pilze.

GEBRATENES RINDFLEISCH MIT AUSTERNPILZEN

Der feine Geschmack der Austernpilze kommt nur zur Geltung, wenn man die Pilze bei starker Hitze anbrät, bis sie goldbraun sind. Nur so bekommt das Gericht den gewünschten Pfiff!

Für 4 Personen
Zubereitungszeit: 30 Minuten

3 Entrecôtes (à 200 g)
Salz
frisch gemahlener Pfeffer
250 g möglichst kleine Austernpilze
1 Lauchstange
2 Möhren
1 Zwiebel
1 Knoblauchzehe
1 rote Chilischote
4 EL Keimöl
1/8 l Kokosmilch
1 EL Fischsauce
100 g Mungobohnenkeimlinge
1 EL gehacktes Cilantro (Koriandergrün) oder gemischte gehackte Kräuter

1. Die Fleischscheiben quer in 1/2 cm breite Streifen schneiden und mit Salz und Pfeffer würzen.
2. Die Austernpilze in feine Streifen schneiden. Lauch und Möhren putzen und in feine Scheiben schneiden. Zwiebel und Knoblauch schälen und mit der Chilischote sehr fein hacken.
3. 2 EL Öl im Wok erhitzen und das Fleisch bei starker Hitze rundherum scharf anbraten. Aus der Pfanne nehmen und warm halten. Das restliche Öl in den Wok geben und die Pilzstreifen bei starker Hitze unter Rühren goldbraun braten. Ebenfalls herausheben und zum Fleisch geben.
4. Nun das vorbereitete Gemüse bei mittlerer Hitze unter Rühren einige Minuten braten. Mit Kokosmilch und Fischsauce aufgießen, aufkochen lassen und das Fleisch, die Pilze sowie die Mungobohnenkeimlinge daruntermischen. Einige Minuten miteinander erhitzen, dann mit Cilantro oder den Kräutern bestreuen.

Pro Person:
Kalorien (kcal) 530
Eiweiß (g) 46
Fett (g) 31
Kohlenhydrate (g) 9

Austernpilze können sehr groß werden. Geschmacklich am feinsten sind jedoch die kleineren Pilze von etwa 5 bis 6 cm Durchmesser.

Köstliches aus dem Backofen

Ob bayerischer Schweinebraten, englisches Roastbeef oder knoblauchduftende Lammkeule – große Braten sind ideal für eine gesellige Runde!

SCHWEINEBRUST MIT BREZENFÜLLUNG

Der gefüllte Braten war früher im süddeutschen Raum ein typisches Sonn- und Feiertagsgericht. Die Füllung des Bratens wurde als Beilage gereicht und, da sie gleichzeitig mit dem Braten ins Backrohr kam, sparte man sich die zeitraubende Zubereitung einer zusätzlichen Beilage. Füllen Sie das saftige Fleisch wie in diesem Rezept einmal mit einer Brezenfüllung. Dank des bayerischen Sternekochs Alfons Schuhbeck wurde sie weit über Bayerns Grenzen hinaus bekannt.

Für 4 Personen
Zubereitungszeit: 2 1/2 Stunden

1,5 kg Schweinebrustspitz
Salz, frisch gemahlener Pfeffer
250 g frische Brezen
1/4 l heiße Milch
2 Zwiebeln
1 EL Koimöl
1 Bund Petersilie
2 Eier, 1 große Möhre
200 g kleingehackte Schweineknochen
1 EL Kümmel
400 ml Wasser
1/8 l dunkles Bier

1. In das Fleisch vom Metzger eine Tasche einschneiden lassen. Das Fleisch waschen, trockentupfen und innen und außen mit Salz und Pfeffer einreiben. Backofen auf 200° C vorheizen.
2. Für die Füllung die Brezen in dünne Scheiben schneiden. Mit der Milch übergießen und etwa 10 Minuten einweichen.
3. Die Zwiebeln schälen. Eine davon in kleine Würfel schneiden, die andere vierteln. Das Öl erhitzen und die Zwiebelwürfel darin glasig dünsten. Die Petersilie fein hacken und mit den Zwiebelwürfeln und den Eiern zu den Brezen geben. Mit Salz und Pfeffer würzen, gut vermischen und in die Fleischtasche füllen. Die Öffnung mit Küchengarn zunähen.
4. Den Braten in eine Bratreine legen. Die Möhre putzen und in Stücke schneiden. Mit den Knochen und den Zwiebelvierteln in die Reine geben und mit Kümmel bestreuen. Auf der unteren Schiene des Backofens 30 Minuten braten.
5. Mit der Hälfte des Wasser begießen, die Hitze auf 180° C reduzieren und das Fleisch noch gut 1 1/2 Stunden braten. Zwischendurch mit dem restlichen Wasser und, 30 Minuten vor Ende der Garzeit, mit dem Bier begießen.
6. Den Braten und die Knochen aus der Reine nehmen. Bratenfond mit dem Gemüse durch ein Sieb streichen, abschmecken und kurz durchkochen lassen.
7. Das Fleisch, am besten mit einem elektrischen Messer in Scheiben schneiden und mit der Sauce servieren!

Pro Person:
Kalorien (kcal) 980
Eiweiß (g) 52
Fett (g) 66
Kohlenhydrate (g) 31

Die Sauce wird noch etwas sämiger und auch schmackhafter, wenn man das mitgeschmorte Gemüse mit dem Bratenfond püriert und erst dann durch ein Sieb streicht.

Vorbereiten
Den Schweinebrustspitz gründlich waschen und trockentupfen. Innen und außen mit Salz und Pfeffer würzen. Die Brezen in 1/2 cm dicke Scheiben schneiden.

Füllung zubereiten
Die Brezen mit heißer Milch übergießen und mindestens 10 Minuten einweichen. Die in kleine Würfel geschnittene Zwiebel in heißem Öl glasig dünsten und mit der feingehackten Petersilie und den Eiern zu den Brezen geben. Mit Salz und Pfeffer würzen.

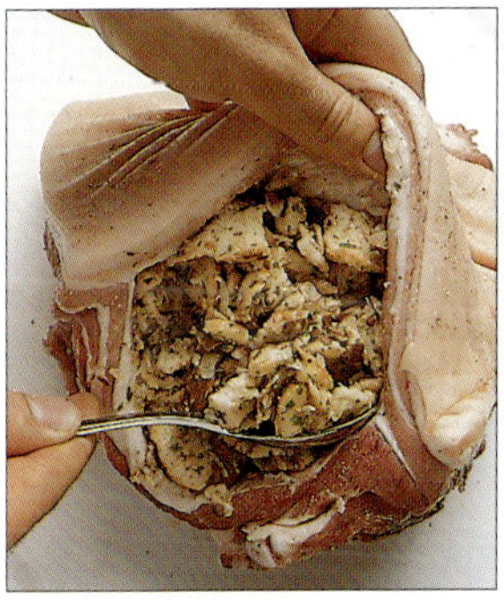

Brustspitz füllen
Die Brezenmasse mit den Händen gut durcharbeiten, dann gleichmäßig in die vorbereitete Tasche füllen. Darauf achten, daß auch die Fleischspitze reichlich Füllung erhält! Die Öffnung mit Hilfe von Küchennadel und -garn zunähen.

Fleisch braten
Den Braten in eine Reine legen. Möhrenstücke, Knochen und Zwiebel dazugeben, mit Kümmel bestreuen und bei 200° C auf der unteren Schiene des Backofens braten. Nach 30 Minuten mit 200 ml Wasser aufgießen und auf 180° C zurückschalten.

Sauce zubereiten
30 Minuten vor Ende der Garzeit das Fleisch mit Bier begießen. Nach Ende der Garzeit Braten und Knochen aus der Reine nehmen und den Bratenfond durch ein Sieb passieren. In einen Topf gießen, abschmecken und kurz durchkochen lassen.

SCHWEINERIPPE MIT BACKOBSTFÜLLUNG

Für 4 Personen
Zubereitungszeit: 2 1/2 Stunden

- 250 g Backobst
- 1/4 l trockener Weißwein
- 1,5 kg Schweinerippe mit eingeschnittener Tasche
- Salz, frisch gemahlener Pfeffer
- je 1 Msp Zimt- und Nelkenpulver
- etwa 50 g Paniermehl
- 3 EL Keimöl
- 400 ml Fleischbrühe
- 1 bis 2 EL Fix-Soßenbinder

1. Das Backobst im Wein ca. 30 Minuten einweichen. Das Fleisch innen und außen mit Salz und Pfeffer würzen. Backofen auf 180° C vorheizen.
2. Backobst auf einem Sieb abtropfen lassen, die Einweichflüssigkeit auffangen. Die Früchte kleinschneiden und mit den Gewürzen und so viel Paniermehl vermischen, bis eine formbare Masse entsteht.
3. Die Masse in die Tasche füllen, zunähen und im heißen Öl rundherum scharf anbraten. Im Backofen in 1 1/2 Stunden goldbraun braten. Immer wieder mit Einweichflüssigkeit und Brühe begießen. Den Bratenfond mit Fix-Soßenbinder andicken (siehe Seite 29).

Pro Person:
Kalorien (kcal) 990
Eiweiß (g) 45
Fett (g) 65
Kohlenhydrate (g) 44

KALBSBRUST MIT KRÄUTERFÜLLUNG

Für 4 Personen
Zubereitungszeit:
2 Stunden 15 Minuten

- 1,2 kg Kalbsbrust mit eingeschnittener Tasche
- Salz, frisch gemahlener Pfeffer
- 3 Scheiben Toastbrot
- 1/8 l heiße Milch
- 1 Bund Frühlingskräuter
- 2 EL Schalottenwürfel
- 2 Eigelb
- abgeriebene Schale von 1/2 unbehandelten Zitrone
- 30 g Butter
- 1 Bund Suppengrün
- 400 ml Fleischbrühe
- 1/8 l Sahne

1. Die Kalbsbrust innen und außen mit Salz und Pfeffer würzen. Das Brot in Würfel schneiden und in Milch einweichen. Ausdrücken und mit gehackten Kräutern, Schalottenwürfeln, Eigelb und Zitronenschale vermischen. Mit Salz und Pfeffer abschmecken und die Masse in die Tasche füllen. Den Backofen auf 180° C vorheizen.
2. Den Braten zunähen und in heißer Butter rundherum anbraten. Das Suppengrün kleinschneiden und dazugeben, mit der Hälfte der Brühe begießen und im Backofen in etwa 1 1/2 Stunden goldbraun braten, dabei mit der restlichen Brühe begießen.
3. Den Braten aus der Reine nehmen. Die Sahne mit dem Bratenfond sämig einkochen lassen.

Pro Person:
Kalorien (kcal) 690
Eiweiß (g) 61
Fett (g) 40
Kohlenhydrate (g) 11

KALBSBRUST MIT MÖHRENFÜLLUNG

Für 4 Personen
Zubereitungszeit: ca. 2 Stunden

- 1,2 kg Kalbsbrust mit eingeschnittener Tasche
- Salz, frisch gemahlener Pfeffer
- 250 g junge Möhren
- 50 g Butter oder 2 EL Keimöl
- 30 g geröstete Pinienkerne
- 50 g Rosinen, eingeweicht in
- 4 cl Amontillado-Sherry
- 2 Eigelb, 2 bis 3 EL Paniermehl
- 1/4 l trockener Weißwein
- 1/8 l Fleischbrühe
- 2 EL Crème fraîche

1. Die Kalbsbrust würzen. Möhren putzen, grob reiben und in 20 g Butter andünsten. Pinienkerne, abgetropfte Rosinen (Einweichflüssigkeit aufbewahren), Eigelb und Paniermehl vermengen. Würzen, in die Tasche füllen und zunähen. Backofen auf 180° C vorheizen.

2. Das Fleisch in der restlichen Butter anbraten, mit Wein und Einweichflüssigkeit begießen und im Backofen etwa 1 1/2 Stunden braten, dabei immer wieder mit Brühe begießen.

3. Das Fleisch herausnehmen. Den Bratenfond mit Crème fraîche sämig einkochen.

Pro Person:
Kalorien (kcal) 680
Eiweiß (g) 60
Fett (g) 38
Kohlenhydrate (g) 13

SCHWEINEFILET MIT SPINATFÜLLUNG

Für 4 Personen
Zubereitungszeit: 50 Minuten

- 150 g durchwachsener Räucherspeck in dünnen Scheiben
- 1 gehackte Knoblauchzehe
- 2 EL Zwiebelwürfel
- 300 g aufgetauter Tiefkühl-Blattspinat
- 50 g geriebener Hartkäse
- Salz
- frisch gemahlener Pfeffer
- frisch geriebene Muskatnuß
- 2 Schweinefilets (à 350 g)
- 2 EL Keimöl
- 1/4 l trockener Weißwein
- 2 EL Crème fraîche

1. 50 g Räucherspeck in Würfel schneiden und mit Knoblauch und Zwiebelwürfel glasig dünsten. Den Spinat daruntermischen und kurz durchschwenken. Käse daruntertrühren und mit Salz, Pfeffer und Muskat würzen. Backofen auf 200° C vorheizen.

2. Schweinefilets der Länge nach einschneiden, aber nicht durchschneiden. Die beiden Hälften auseinanderklappen, salzen und pfeffern und mit der Spinatmischung füllen. Mit den restlichen Speckscheiben umhüllen und diese mit Küchengarn festbinden. Im heißen Öl anbraten. Mit Wein begießen und im Backofen in etwa 15 Minuten fertigbraten.

3. Aus der Pfanne nehmen und den Bratenfond mit Crème fraîche einkochen.

Pro Person:
Kalorien (kcal) 700
Eiweiß (g) 42
Fett (g) 54
Kohlenhydrate (g) 1

TOSKANISCHER SCHWEINEBRATEN

Der Schweinebraten ist in vielen Ländern der Welt zu Hause, nicht nur in Bayern, wie manch einer vielleicht meinen möchte. Natürlich wird er überall anders gewürzt und auch zubereitet. Wichtig ist jedoch immer die Fleischqualität, da der Braten sonst sehr schnell trocken und faserig wird.

Für 4 Personen
Zubereitungszeit:
1 Stunde 40 Minuten

- 1 kg Schweinekotelett am Stück (mit Knochen)
- 1 Zwiebel
- 2 bis 3 Knoblauchzehen
- 1 Bund glatte Petersilie
- 1/2 Bund Basilikum
- 2 Oreganozweige
- 3 Thymianzweige
- 1 Rosmarinzweig
- 4 Salbeiblätter
- 2 EL Olivenöl
- Salz
- frisch gemahlener Pfeffer
- 6 dünn geschnittene Scheiben frischer Schweinebauch
- 1/4 l trockener Weißwein

1. Das Fleischstück am besten beim Metzger vom Knochen lösen lassen, die Knochen mitnehmen.
2. Die Zwiebel und den Knoblauch schälen und in winzige Würfel schneiden. Die Kräuter fein hacken und mit Zwiebel und Knoblauch vermischen. Das Öl darunterrühren.
3. Den Backofen auf 200° C vorheizen.
4. Das Kotelettstück mit Salz und Pfeffer einreiben und mit der Kräutermischung bestreichen. Das Fleischstück auf die Knochen legen und der Länge nach mit den Schweinebauchscheiben belegen. Mit einem Küchengarn wie einen Rollbraten binden (siehe Seite 22).
5. Auf einen Rost legen, ein tiefes Blech darunterschieben und den Braten auf der unteren Schiene des Backofens etwa 30 Minuten braten lassen. Mit Weißwein begießen, die Temperatur auf 160° C reduzieren und in etwa 1 Stunde fertiggaren.
6. Das Fleisch kurz ruhen lassen, in Scheiben schneiden und mit dem Bratensaft begießen. Das Fleisch nicht zu lange braten, da es sonst trocken und faserig wird.

Pro Person:
Kalorien (kcal) 625
Eiweiß (g) 50
Fett (g) 43
Kohlenhydrate (g) 0

• Die Auswahl der Kräuter ist Ihrem Geschmack überlassen. Wichtig ist vor allem, daß sie frisch gehackt werden!
• Der Braten schmeckt auch kalt sehr gut und ist daher ideal für ein kaltes Büfett!

1

2

3

1. Bayerischer Schweinebraten
Bei 1 kg Schweineschulter mit Schwarte die Hautseite mit einem sehr scharfen Messer rautenförmig einschneiden. Das Fleisch mit Salz und Pfeffer einreiben und mit der Hautseite nach unten in eine Bratreine legen. 200 g Schweineknochen, 2 geschälte und in Stücke geschnittene Zwiebeln sowie 1 geputzte Möhre dazugeben. Mit 1 EL Kümmel bestreuen und 1/8 l Wasser begießen. Auf die untere Schiene des Backofens stellen und bei 200° C ca. 30 Minuten braten. Den Braten wenden, die Temperatur auf 180° C reduzieren und weitere 1 1/2 Stunden braten. Zwischendurch mit Bratenfond und 1/4 l Wasser begießen. 30 Minuten vor Ende der Garzeit 1/8 l dunkles Bier mit 1 EL mittelscharfem Senf verquirlen und die Kruste damit bestreichen.
Das Fleisch aus der Reine nehmen und kurz ruhen lassen. Den Bratenfond mit dem Gemüse durch ein Sieb streichen. Falls die Haut noch nicht richtig knusprig ist, den Braten mit der Hautseite nach oben kurz unter den Grill legen.

2. Andalusischer Braten mit Sherry-Orangen-Sauce
800 g Schweinehals mit Salz und Pfeffer einreiben. 1 EL Rosmarinnadeln und 1 EL Thymianblätter hacken und mit der abgeriebenen Schale von 1 unbehandelten Orange, 2 cl Amontillado-Sherry (medium) und 2 EL Olivenöl verrühren. Das Fleisch damit einstreichen und zugedeckt über Nacht marinieren. Am nächsten Tag in 3 EL erhitztem Olivenöl anbraten, mit dem Saft von einer Orange und 4 cl Fino-Sherry aufgießen und im vorgeheizten Backofen bei 180° C etwa 1 Stunde braten. Dabei mit Bratenfond und 1/4 l Fleischbrühe begießen. In einer Pfanne 30 g Butter, 30 g Zucker und den Saft von 1/2 Orange sirupartig einkochen lassen. 1 unbehandelte Orange in Scheiben schneiden und in dem Sirup einige Minuten erhitzen. Das Fleisch in Scheiben schneiden und mit den Orangenscheiben anrichten. Den Bratenfond etwas einkochen lassen und das Fleisch damit überziehen.

3. Balkanbraten mit Pfefferschoten
800 g Schweinefleisch aus der Keule (ohne Haut und Knochen) mit Salz und Pfeffer würzen. Von 4 milden Pfefferschoten die Stielenden und die Kerne entfernen und in Stifte schneiden. Mit einem spitzen Messer tief in das Fleisch einstechen und die Pfefferschotenstifte hineinstecken. Mit 2 zerdrückten Knoblauchzehen einreiben. Dann mit 150 g durchwachsenen Speckscheiben umwickeln und diese mit Küchengarn festbinden. In 30 g erhitztem Butterschmalz anbraten, mit 1/8 l Wasser begießen und 30 bis 40 Minuten bei 180° C auf der unteren Schiene des Backofens braten. Zwischendurch mit Bratenfond begießen. 2 Bund Suppengrün in kleine Würfel schneiden. Nach der Hälfte der Garzeit zusammen mit 1/2 TL Tomatenmark, 1 Thymian- und 1 Rosmarinzweig zum Fleisch geben und mit 1/4 l trockenem Weißwein aufgießen und fertigbraten.
Aus der Reine nehmen, kurz ruhen lassen und den Bratenfond durch ein Sieb streichen. Falls nötig, mit Fix-Soßenbinder andicken.

ENGLISCHES ROASTBEEF IM SALZMANTEL

In kaum einem Land der Welt gibt es so wunderschöne und stilvolle Restaurants wie in Großbritannien. Genau der richtige Rahmen, um ein herrlich saftiges englisches Roastbeef aus dem Fleisch der schottischen Hochlandrinder zu genießen. In England wird der Rinderrücken meistens mit dem Knochen gebraten, erst kurz vor dem Servieren ausgelöst und traditionell mit Yorkshire Pudding – das ist in kleinen Förmchen im Backofen knusprig gebackener Pfannkuchenteig – serviert.

Für 6 Personen
Zubereitungszeit: 1 1/2 Stunden

- 300 g Mehl
- 200 g grobkörniges Salz
- Wasser
- 1,5 kg gut abgehangenes Roastbeef
- frisch gemahlener Pfeffer
- 1 Knoblauchzehe
- 2 Thymianzweige
- 2 Rosmarinzweige
- 2 EL Keimöl

1. Mehl und Salz in einer Schüssel vermischen und so viel kaltes Wasser darunterrühren, bis ein zäher Teig entstanden ist. Zugedeckt 15 Minuten ruhen lassen.
2. Inzwischen das Roastbeef mit Pfeffer und der zerdrückten Knoblauchzehe einreiben und die Kräuterzweige auf das Fleischstück legen. Den Backofen auf 250° C vorheizen.
3. Den Salzteig auf einer bemehlten Arbeitsplatte so groß ausrollen, daß das Fleisch damit umhüllt werden kann. Das Fleischstück in die Mitte legen und die Teigenden über dem Braten verschließen. Gut zusammendrücken und die Teigdecke mit einer Gabel mehrmals einstechen, damit der Dampf entweichen kann.
4. Den Braten auf das mit Öl bestrichene, tiefe Backblech legen und auf der mittleren Schiene des Backofens 40 Minuten braten. Dann die Hitze auf 180° C reduzieren und weitere 20 Minuten braten.
5. Das Roastbeef aus dem Ofen nehmen und einige Minuten ruhen lassen, damit sich der Fleischsaft verteilen kann.
6. Am besten erst bei Tisch die goldbraune Salzkruste aufbrechen, das rosa gebratene Roastbeef herausholen und in Scheiben schneiden.

Pro Person:
Kalorien (kcal) 500
Eiweiß (g) 51
Fett (g) 29
Kohlenhydrate (g) 0

Wie lange man das Fleisch im Ofen lassen muß, richtet sich nach dem gewünschten Bratergebnis. Ohne den Salzmantel rechnet man bei einer Anfangstemperatur von 220° C pro 1 kg Fleisch ca. 40 Minuten für ein noch blutiges Roastbeef. Bis zu 50 Minuten muß man veranschlagen, wenn es rosa sein soll und nach etwa 60 Minuten ist das Fleisch durchgebraten. Die Temperatur sollte nach etwa der Hälfte der Garzeit unbedingt auf 180° C zurückgeschaltet werden!

KASSELERBRATEN MIT SÜSS-SCHARFER KRUSTE

Kasseler nennt man das gepökelte und geräucherte Kotelettstück vom Schwein. Es wird roh oder bereits gekocht angeboten. Das nachfolgende Gericht wird mit rohem Kasseler zubereitet.

Für 4 Personen
Zubereitungszeit: 1 1/2 Stunden

- 4 Schalotten
- 2 EL Keimöl
- 1 kg rohes Kasseler (mit Knochen)
- 1/8 l kräftiger Weißwein (z. B. Gewürztraminer)
- 3 EL Orangenmarmelade
- 1 EL scharfer Senf
- 1 TL frisch geriebene Ingwerwurzel
- frisch gemahlener Pfeffer
- Cayennepfeffer
- je 1 Msp Piment- und Korianderpulver
- 100 g Pinienkerne
- 100 ml Fleischbrühe
- 1/8 l Sahne, Salz

1. Den Backofen auf 200° C vorheizen. Die Schalotten schälen und halbieren. Das Öl in einem Bräter erhitzen und das Kasseler rundherum scharf anbraten.
2. Die Schalotten dazugeben und kurz mitbraten. Mit Weißwein aufgießen und auf der mittleren Schiene des Backofens 15 Minuten braten.
3. Die Orangenmarmelade mit Senf und den Gewürzen verrühren und mit einem Drittel davon das Fleisch bestreichen. Weitere 30 Minuten braten lassen, dabei das Fleisch immer wieder mit Bratenfond begießen.
4. Die Temperatur auf 220° C erhöhen. Die Pinienkerne grob hacken, unter die restliche Marmeladenmischung rühren und die Oberseite des Kasselers gleichmäßig damit bestreichen. In weiteren 15 Minuten goldbraun und knusprig braten lassen.
5. Das Fleisch aus dem Bräter nehmen. Den Bratenfond mit Brühe und Sahne aufgießen und so lange bei starker Hitze kochen lassen, bis die Sauce sämig ist. Mit Pfeffer und, falls nötig, mit Salz abschmecken.
6. Das Fleisch vorsichtig vom Knochen lösen und in Scheiben schneiden. Mit jungem zarten Gemüse und Kartoffelplätzchen servieren.

Pro Person:
Kalorien (kcal) 845
Eiweiß (g) 53
Fett (g) 61
Kohlenhydrate (g) 9

• Bereitet man das Gericht aus gekochtem Kasseler zu, verringert sich die Garzeit um die Hälfte.
• Wenn Sie wenig Zeit haben, binden Sie die Sauce mit Fix-Soßenbinder.

GEBRATENER REHRÜCKEN

Früher wurde Rehfleisch vor allem im Herbst – zur Jagdzeit – zubereitet und üppig garniert serviert. Heute kann man das rotbraune, zartfaserige, wohlschmeckende Fleisch ganzjährig in der Tiefkühltruhe finden. Das edelste Stück war damals – und ist es bei Feinschmeckern auch heute noch – der Rehrücken.

Für 4 Personen
Marinierzeit: 1 Stunde
Zubereitungszeit:
1 Stunde 15 Minuten

1,2 kg Rehrücken (mit Knochen)
6 Wacholderbeeren
3 Pimentkörner
2 Gewürznelken
abgeriebene Schale von
1/2 unbehandelten Orange
Salz, frisch gemahlener Pfeffer
2 Fl Cognac, 5 EL Keimöl
1 Bund Suppengrün
1 Zwiebel, 250 g Rehknochen
5 bis 6 Pfefferkörner
1/2 l kräftiger Rotwein
50 g Butter, 1 Petersilienwurzel
100 g Knollensellerie
1 große Möhre, 200 ml Sahne
1 EL gehackte Petersilie

1. Den Rehrücken mit einem spitzen Messer vorsichtig von den Sehnen befreien.
2. Die Gewürze im Mörser zerstoßen und mit der Orangenschale, Salz, Pfeffer, Cognac und 1 EL Öl verrühren. Den Rücken damit bestreichen, in Alufolie hüllen und mindestens 1 Stunde marinieren.
3. Suppengrün in kleine Stücke, die Zwiebel in Würfel schneiden. Knochen waschen, trockentupfen und in 2 EL Öl scharf anbraten. Suppengrün, Zwiebel, Salz und Pfefferköner dazugeben und mit Rotwein aufgießen. Aufkochen lassen und bei mittlerer Hitze in etwa 30 Minuten um die Hälfte einkochen. Den Wildfond durch ein Spitzsieb gießen.
4. Den Backofen auf 220° C vorheizen. Das restliche Öl und 20 g Butter in einem Bräter erhitzen und den Rehrücken rundherum bei starker Hitze anbraten. Im Backofen 20 Minuten braten, dabei mit 1/8 l Wildfond begießen.
5. Petersilienwurzel, Sellerie und Möhre putzen und in winzige Würfel schneiden. In der restlichen Butter andünsten, mit restlichem Wildfond und der Sahne aufgießen und bei starker Hitze um die Hälfte einkochen.
6. Den Rehrücken aus dem Backofen nehmen und in Alufolie hüllen. Den Bratenfond mit Gemüsesauce aufgießen und bei starker Hitze sämig einkochen.
7. Das Fleisch vom Knochen lösen, in schräge Scheiben schneiden und wieder auf die Knochen setzen. Die Petersilie unter die Sauce mischen und getrennt dazu reichen. Dazu passen Spätzle oder Kartoffelkroketten und Preiselbeeren.

Pro Person:
Kalorien (kcal) 760
Eiweiß (g) 69
Fett (g) 47
Kohlenhydrate (g) 5

Wenn es schnell gehen soll, löst man die Rückenfilets aus und brät sie in heißer Butter. Aus den Knochen bereitet man separat eine feine Sauce zu.

Rehrücken vorbereiten
Die Sehnen des Rehrückens mit einem scharfen Messer entfernen und das Fleisch ein wenig vom Mittelknochen lösen. Die Gewürze im Mörser zerstoßen. Mit Orangenschale, Salz, Pfeffer, Cognac und 1 EL Öl verrühren und den Rücken damit einstreichen.

Wildfond zubereiten
Suppengrün waschen und kleinschneiden, die Zwiebel schälen und in Würfel schneiden. Knochen waschen und trockentupfen. Alles in 2 EL erhitztem Öl scharf anbraten, mit Rotwein aufgießen und in etwa 30 Minuten um die Hälfte einkochen lassen.

Rehrücken anbraten
Restliches Öl und 20 g Butter erhitzen und den Rehrücken bei starker Hitze darin rundherum scharf anbraten. In den 220° C heißen Backofen stellen und 20 Minuten braten. Zwischendurch mit 1/8 l des durchgeseihten Wildfonds begießen.

Gemüsesauce zubereiten
Petersilienwurzel, Sellerie und Möhre schälen und in winzig kleine Würfel schneiden. In der restlichen Butter andünsten und mit dem restlichen Wildfond und der Sahne aufgießen. Bei starker Hitze etwas einkochen lassen.

Fleisch schneiden.
Den Rehrücken nach Ende der Garzeit aus dem Bräter nehmen und in Alufolie hüllen. Den Bratenfond mit der Gemüsesauce aufgießen und durchkochen lassen. Das Fleisch in schräge Scheiben schneiden und auf den Knochen anordnen.

LAMMRÜCKEN MIT KRÄUTER-PILZ-KRUSTE

Französische Hausfrauen wissen, daß nur Fleisch von bester Qualität einen köstlichen Braten entstehen läßt. Besonders beliebt sind bei ihnen die »agneaux pré-salés«, die Lämmer der Salzweiden an der Atlantikküste, oder die Lämmer der Provence, die sich hauptsächlich von Kräutern ernähren. In Deutschland findet man in der Lüneburger Heide und an den Küsten Schleswig-Holsteins Lämmer mit gleicher Fleischqualität.

Für 4 Personen
Zubereitungszeit: 1 Stunde

1,2 kg Lammrücken (mit Knochen)
Salz, frisch gemahlener Pfeffer
4 EL Olivenöl
1 Thymianzweig
1 Rosmarinzweig
2 Fleischtomaten
1 Zwiebel
250 g Egerlinge
2 Schalotten
1 Knoblauchzehe
1 Bund Frühlingskräuter (z. B. Petersilie, Kerbel, Estragon, Basilikum)
2 EL geriebener Parmesan
2 Eigelb
1 bis 2 EL Paniermehl
1/8 l trockener Weißwein
1/4 l Lammfond

1. Den Backofen auf 250° C vorheizen. Den Lammrücken waschen und trockentupfen. Entlang des Mittelknochens die Haut ein wenig einschneiden, mit Salz und Pfeffer einreiben und mit 2 EL Öl bestreichen. Mit Thymian und Rosmarin belegen und mit Küchengarn festbinden.
2. Die Tomaten waschen und vierteln, die Zwiebel schälen und in Stücke schneiden und in ein tiefes Backblech geben. Den Bratrost mit dem Lammrücken darüberschieben und auf der mittleren Schiene des Backofens 15 Minuten braten.
3. Pilze putzen und nur wenn nötig waschen. Schalotten und Knoblauch schälen und mit den Pilzen in kleine Würfel schneiden. Restliches Öl erhitzen und die Zwiebel- und Knoblauchwürfel darin andünsten. Die Pilze dazugeben und so lange dünsten, bis alle Flüssigkeit verdampft ist. Vom Herd nehmen und etwas abkühlen lassen.
4. Die Kräuter hacken. Zusammen mit Parmesan und Eigelb unter die etwas abgekühlten Pilze geben und so viel Paniermehl hinzufügen, bis eine geschmeidige Masse entstanden ist. Mit Salz und Pfeffer herzhaft würzen.
5. Nach 20 Minuten den Braten aus dem Ofen nehmen, die Oberfläche mit der Pilzfarce bestreichen und in 5 bis 10 Minuten goldbraun gratinieren.
6. Das Fleisch aus dem Ofen nehmen und mit Alufolie abdecken. Den Bratenfond mit Wein und Lammfond aufgießen und gut durchkochen lassen. Mit dem Gemüse pürieren und durch ein Sieb streichen. Sämig einkochen lassen oder mit Fix-Soßenbinder andicken.

Pro Person:
Kalorien (kcal) 560
Eiweiß (g) 68
Fett (g) 25
Kohlenhydrate (g) 7

HASENRÜCKEN MIT CALVADOSÄPFEL

Früher durften Wildhasen nur auf der Tafel von Fürstenhöfen serviert werden. Da sich die Tiere allerdings einfacher fangen ließen als Rehe oder Hirsche, kam so mancher Hase auch in die Schlinge von geschickten Wilddieben und krönte dann den Mittagstisch von armen Leuten. Heute werden Hasen in ausreichender Menge und zu erstaunlich günstigen Preisen angeboten.

Für 4 Personen
Marinierzeit: ca. 1 Stunde
Zubereitungszeit: 50 Minuten

- 2 Hasenrücken (à 600 g)
- Salz, frisch gemahlener Pfeffer
- 1 TL Thymianblätter
- 1 TL Rosmarinnadeln
- 4 bis 6 Salbeiblätter
- 4 Wacholderbeeren
- 1 Msp Zimtpulver
- 1 Msp Nelkenpulver
- abgeriebene Schale von 1/2 unbehandelten Orange
- 4 EL Keimöl, 50 g Butter
- 1 Bund Suppengrün
- 6 cl Calvados
- 4 dünne Scheiben fetter Speck
- 4 aromatische Äpfel (z. B. Boskop oder Cox Orange)
- 1 EL Zucker
- 1/4 l Wildfond
- 2 EL Preiselbeersirup
- 1/8 l Sahne

1. Die Hasenrücken mit einem scharfen Messer enthäuten (siehe Seite 22). Mit Salz und Pfeffer einreiben. Kräuter und Gewürze im Mörser zerstoßen, Orangenschale und 2 EL Öl darunterrühren und die Rücken damit bestreichen. Zugedeckt mindestens 1 Stunde marinieren. Den Backofen auf 180° C vorheizen.

2. Das restliche Öl und 20 g Butter in einem Bräter erhitzen und die Hasenrücken darin anbraten. Das Suppengrün waschen und kleinschneiden. Dazugeben, kurz mitrösten und mit 2 cl Calvados ablöschen. Die Hasenrücken mit den Speckscheiben belegen, den Bräter auf die mittlere Schiene des Backofens stellen und 20 bis 25 Minuten braten.

3. Die Äpfel schälen, halbieren und entkernen. Die Hälften in längliche Spalten schneiden.

4. Die restliche Butter mit dem Zucker karamelisieren lassen und die Äpfel darin einige Minuten schwenken. Mit dem restlichen Calvados ablöschen und zugedeckt 2 bis 3 Minuten schmoren.

5. Die Rücken aus dem Bräter nehmen, Speck entfernen und das Fleisch in Alufolie hüllen.

6. Den Bratenfond mit Wildfond aufgießen und auf der Kochplatte kräftig durchkochen lassen. Durch ein Sieb passieren und Preiselbeersirup sowie Sahne hinzufügen. Bei starker Hitze sämig einkochen lassen. (Oder die Sauce statt der Sahne mit Fix-Soßenbinder binden.)

Pro Person:
Kalorien (kcal) 900
Eiweiß (g) 54
Fett (g) 61
Kohlenhydrate (g) 25

Verwendet man Wildschweinrücken, was auch sehr gut schmeckt, verdoppelt sich die Garzeit.

GEBRATENE LAMMKEULE

In allen südlichen Ländern stehen Gerichte aus Lammfleisch häufig auf dem Speiseplan. Die Franzosen sind auf diesem Gebiet jedoch wahre Meister. Besonders in der Provence, wo sich die freilaufenden Schafe überwiegend von aromatischen, wildwachsenden Kräutern ernähren, war es seit jeher naheliegend, das Fleisch zusätzlich mit diesen Kräutern zu würzen. Dabei dürfen nicht fehlen: vollreife Tomaten und ein Hauch Knoblauch!

Für 6 Personen
Zubereitungszeit: 2 Stunden

- 1,5 kg Lammkeule (mit Knochen)
- Salz
- frisch gemahlener Pfeffer
- 2 Thymianzweige
- 6 bis 8 Knoblauchzehen
- 2 Rosmarinzweige
- 4 EL Olivenöl
- 1 kg mehligkochende Kartoffeln
- 6 mittelgroße Zwiebeln
- 6 Tomaten
- 1/2 l trockener Weißwein

1. Den Knochen der Lammkeule auslösen. Das Fleisch innen und außen mit Salz und Pfeffer einreiben und in die entstandene Öffnung 1 Thymianzweig stecken. Knoblauch schälen und in schmale Stifte schneiden. Mit einem spitzen Messer rundherum in das Fleisch einstechen und abwechselnd die Knoblauchstifte und einige Rosmarinnadeln hineinstecken.
2. Den Backofen auf 200° C vorheizen.
3. 3 EL Öl in einem Bräter erhitzen und die Keule von allen Seiten darin anbraten. Die ausgelösten Knochen klein hacken, dazugeben und mitbraten. Auf die mittlere Schiene des Backofens stellen und 30 Minuten braten lassen, dabei gelegentlich mit dem Bratensaft begießen.
4. Kartoffeln und Zwiebeln schälen. Tomaten wie die Kartoffeln und Zwiebeln in Viertel schneiden. Um das Fleisch herum verteilen und mit dem Bratensaft vermischen. Mit restlichen Thymianblättchen und Rosmarinnadeln bestreuen und mit Wein und restlichem Öl begießen. In gut 1 Stunde fertig braten, dabei Gemüse und Fleisch zwischendurch einmal wenden.
5. Das Fleisch aus dem Bräter nehmen, in Alufolie hüllen und vor dem Anschneiden kurz ruhen lassen. Die Gemüsemischung mit dem Bratensaft auf eine tiefe Platte geben. Lammfleisch in Scheiben schneiden und darauf anrichten.

Pro Person:
Kalorien (kcal) 715
Eiweiß (g) 42
Fett (g) 43
Kohlenhydrate (g) 33

Auf die gleiche Weise können auch Zickleinkeulen zubereitet werden. Allerdings sollte man dann sparsamer mit Knoblauch und Rosmarin würzen, da sonst der zarte Geschmack des Zickleins verloren geht. Die Garzeit ist etwas kürzer – am besten mit einem Bratthermometer prüfen!

HIRSCHKALBSKEULE MIT EBERESCHENBEEREN

Die im Spätherbst reifenden Früchte der Ebereschen haben einen leicht bitteren Geschmack, der durch den ersten Frost etwas gemildert wird. Die korallroten Beeren passen vorzüglich zu Wildgerichten!

Für 6 Personen
Marinierzeit: 2 Tage
Zubereitungszeit: 2 Stunden

- 1,5 kg Hirschkalbskeule
- 1/2 l trockener Rotwein
- 4 EL Rotweinessig
- 200 ml Wasser
- 100 g geputzte Ebereschenbeeren, 5 Wacholderbeeren
- 1 TL Thymianblättchen
- 2 Zwiebeln
- 100 g Knollensellerie
- 2 Möhren
- Salz, frisch gemahlener Pfeffer
- 3 EL Keimöl
- 1 TL Tomatenmark
- 100 g Crème double

1. Die Keule gleich beim Wildhändler entbeinen und enthäuten und die Knochen kleinhacken lassen. Die Knochen und Abschnitte unbedingt mitnehmen.

2. Rotwein mit Essig und Wasser zum Kochen bringen. Die Ebereschenbeeren dazugeben, einmal aufkochen lassen dann kalt stellen. Das Fleisch mit Wacholderbeeren und Thymian in ein enges Gefäß legen und mit dem Rotweinsud übergießen. Zugedeckt mindestens 2 Tage kühl stellen.

3. Am Tag der Zubereitung Zwiebeln, Sellerie und Möhren schälen und in größere Stücke schneiden.

4. Das Fleisch aus der Marinade nehmen und trockentupfen. Die Marinade durch ein Sieb gießen, Ebereschenbeeren und Marinade aufbewahren. Den Ofen auf 160° C vorheizen.

5. Die Keule mit Salz und Pfeffer einreiben. Das Öl in einem Bräter erhitzen und das Fleisch darin rundherum anbraten. Knochen und Abschnitte dazugeben und ebenfalls mitrösten. Das vorbereitete Gemüse und das Tomatenmark dazugeben und mit der Hälfte der Marinade aufgießen. In den Backofen stellen und etwa 1 1/2 Stunden braten, dabei immer wieder mit dem Bratenfond und der restlichen Marinade begießen.

6. Die Keule aus dem Bräter nehmen und zugedeckt warm stellen. Den Bratensaft mit dem Gemüse pürieren und durch ein Sieb streichen. Crème double und die Ebereschenbeeren dazugeben und 15 Minuten bei schwacher Hitze köcheln lassen.

7. Das Fleisch in Scheiben schneiden und mit der Ebereschensauce servieren. Selleriepüree und Bandnudeln passen gut dazu!

Pro Person:
Kalorien (kcal) 425
Eiweiß (g) 53
Fett (g) 19
Kohlenhydrate (g) 5

FILET WELLINGTON

Dieses Meisterwerk der Kochkunst wurde nach dem englischen Herzog Wellington (1769 bis 1852) benannt, der bei der Schlacht von Waterloo den Sieg davontrug. Im Laufe der Jahre entwickelte es sich zum Klassiker der internationalen Küche.

Für 8 Personen
Zubereitungszeit: 2 Stunden

- 3 Schalotten
- 500 g Champignons
- 30 g Butter oder Keimöl
- 7 EL Madeira
- 3 EL Sahne
- Salz, frisch gemahlener Pfeffer
- 1 Bund Petersilie, gehackt
- 1,5 kg Rinderfilet vom Mittelstück, 3 EL Olivenöl
- 100 g Gänseleberpastete
- 600 g aufgetauter Tiefkühl-Blätterteig
- 1 Ei, getrennt
- 1/8 l Fleischbrühe
- etwas Worcestersauce
- 1/8 l Sahne
- 20 g Trüffel (frisch oder aus der Dose)

1. Schalotten schälen, Pilze putzen und beides fein hacken. Die Schalotten in Butter oder Öl glasig dünsten. Champignons dazugeben und dünsten, bis die Flüssigkeit verdampft ist.
2. 4 EL Madeira und die Sahne dazugießen und bei starker Hitze verdampfen lassen. Die Farce muß trocken sein! Mit Salz und Pfeffer würzen, die Petersilie daruntermischen und die Farce abkühlen lassen.
3. Das Rinderfilet mit Salz und Pfeffer einreiben. Öl in einer Pfanne erhitzen und das Filet bei starker Hitze anbraten. Das Fleisch aus der Pfanne nehmen und kurz ruhen lassen, den Bratenfond aufbewahren.
4. Die Gänseleberpastete mit der abgekühlten Pilzfarce verrühren.
5. Die Blätterteigscheiben leicht mit Wasser befeuchten und übereinanderlegen. Mit einem Nudelholz zu einem so großen Rechteck ausrollen, daß man das Fleisch mitsamt der Farce gut umhüllen kann. Den Backofen auf 220° C vorheizen.
6. Das Filet auf das obere Drittel der Teigplatte legen und rundherum mit der Farce bestreichen. Die Teigränder glattschneiden.
7. Die Teigränder mit Eiweiß bestreichen. Das Fleisch mit dem Teig umhüllen und die Ränder gut festdrücken. Mit einigen Teigstreifen verzieren und mit Eigelb bestreichen. Rundherum mehrmals mit einer Spicknadel einstechen.
8. Ein Backblech mit Backpapier auslegen und das Filet darauflegen. Etwa 15 Minuten ruhen lassen, damit der Blätterteig nachher besser aufgeht. Auf der mittleren Schiene in 30 Minuten goldbraun backen. Im abgeschalteten und geöffneten Ofen ruhen lassen, bis die Sauce fertig ist.
9. Bratenfond erhitzen und mit der Brühe und dem restlichen Madeira ablöschen. Mit Worcestersauce würzig abschmecken und etwas einkochen lassen. Trüffel in kleine Würfel schneiden, mit der Sahne dazugeben und sämig einkochen lassen.
10. Das Filet am besten in Scheiben schneiden und die Sauce getrennt dazu reichen.

Pro Person:
Kalorien (kcal) 740
Eiweiß (g) 45
Fett (g) 48
Kohlenhydrate (g) 24

Farce vorbereiten
Schalotten und Pilze hacken und in heißer Butter so lange dünsten, bis alle Flüssigkeit verdampft ist. 4 EL Madeira und die Sahne dazugeben und einkochen lassen. Mit Salz und Pfeffer würzen und kalt stellen. Dann die Leberpastete und die Petersilie daruntermischen.

Fleisch braten
Das Rinderfilet mit Salz und Pfeffer einreiben. Öl in einer schweren Pfanne erhitzen und das Fleisch darin rundherum scharf anbraten. Aus der Pfanne nehmen und abkühlen lassen. Den Bratenfond für die Sauce aufbewahren.

Blätterteig ausrollen
Die aufgetauten Blätterteigplatten leicht mit Wasser befeuchten. Übereinanderlegen und zu einem so großen Rechteck ausrollen, daß man das Fleischstück mitsamt der Farce damit umhüllen kann. Die Teigränder glattschneiden.

Fleisch umhüllen
Fleisch auf das obere Drittel der Teigplatte legen. Das Filet mit der Farce und die Teigränder mit Eiweiß bestreichen. Das Fleisch mit dem Teig so umhüllen, daß die Teigränder an der unteren Seite liegen, gut festdrücken. Teigstreifen mit Eiweiß bestreichen und dekorativ darauf anordnen.

Goldbraun backen
Den Blätterteigmantel mit Eigelb bestreichen und mehrmals einstechen, damit der Dampf entweichen kann. Auf einem Backblech auf der mittleren Schiene des 220° C heißen Backofens in 30 Minuten goldbraun backen. Vor dem Anschneiden unbedingt ruhen lassen.

UMHÜLLTES SCHWEINEFILET

Natürlich kann man auch andere Fleischsorten mit den unterschiedlichsten Farcen bestreichen und mit Blätterteig umhüllen. Man sollte den Braten nach dem Umhüllen aber immer noch mindestens 15 Minuten ruhen lassen, bevor man ihn in den Backofen schiebt, denn dann geht der Blätterteig besonders gut auf.

Für 4 Personen
Zubereitungszeit:
1 Stunde 15 Minuten

- 2 Schalotten
- 250 g Steinpilze
- 20 g Butter
- 4 cl Cognac
- 250 g pürierte Schweineleber
- 20 g Paniermehl
- 1/2 TL Thymianblätter
- 1 Eigelb
- Salz, frisch gemahlener Pfeffer
- 1 großes oder 2 kleine Schweinefilets (ca. 600 g)
- 3 EL Keimöl
- 300 g aufgetauten Tiefkühl-Blätterteig
- 1 Ei, getrennt
- 1 bis 2 EL Sesamsamen
- 1/8 l Waldpilzfond
- 2 EL Crème fraîche
- 1 EL gehackte Petersilie

1. Die Schalotten schälen und in Würfel schneiden. Die Pilze putzen und fein hacken. Die Butter erhitzen und die Hälfte der Schalotten und der Pilze solange darin dünsten, bis die Flüssigkeit verdampft ist. Mit 2 cl Cognac begießen und erneut einkochen, dann abkühlen lassen.

2. Mit der Leber, dem Paniermehl, Thymian und dem Eigelb verrühren und mit Salz und Pfeffer herzhaft würzen.

3. Schweinefilet im heißen Öl rundherum etwa 2 bis 3 Minuten scharf anbraten. Aus der Pfanne nehmen und den Bratenfond aufbewahren.

4. Die Blätterteigplatten leicht mit Wasser befeuchten. Übereinanderlegen und zu einem so großen Rechteck ausrollen, daß das Fleisch damit umhüllt werden kann. Den Backofen auf 220° C vorheizen.

5. Das Schweinefilet mit der Farce bestreichen. Mit dem Blätterteig, wie im Grundrezept auf Seite 109 beschrieben, umhüllen und verzieren. Den Teig mehrmals einstechen. (Zwei Schweinefilets so anordnen, daß ein schmales und ein dickes Ende zusammenliegen.)

6. Mit verquirltem Eigelb bestreichen, Sesamsamen bestreuen und auf der mittleren Schiene des Backofens 15 bis 20 Minuten backen (siehe auch Grundrezept). Dann bei abgeschaltetem Backofen und geöffneter Backofentür noch einige Minuten ruhen lassen.

7. Inzwischen den Bratenfond erhitzen und die restlichen Schalotten und Pilze darin andünsten. Mit dem restlichen Cognac und dem Waldpilzfond aufgießen, Crème fraîche darunterrühren und sämig einkochen lassen. Zum Schluß die Petersilie darunterrühren. Das Schweinefilet in Scheiben schneiden und die Sauce getrennt dazu reichen.

Pro Person:
Kalorien (kcal) 950
Eiweiß (g) 51
Fett (g) 65
Kohlenhydrate (g) 30

KALBSBRATEN IM KARTOFFELMANTEL

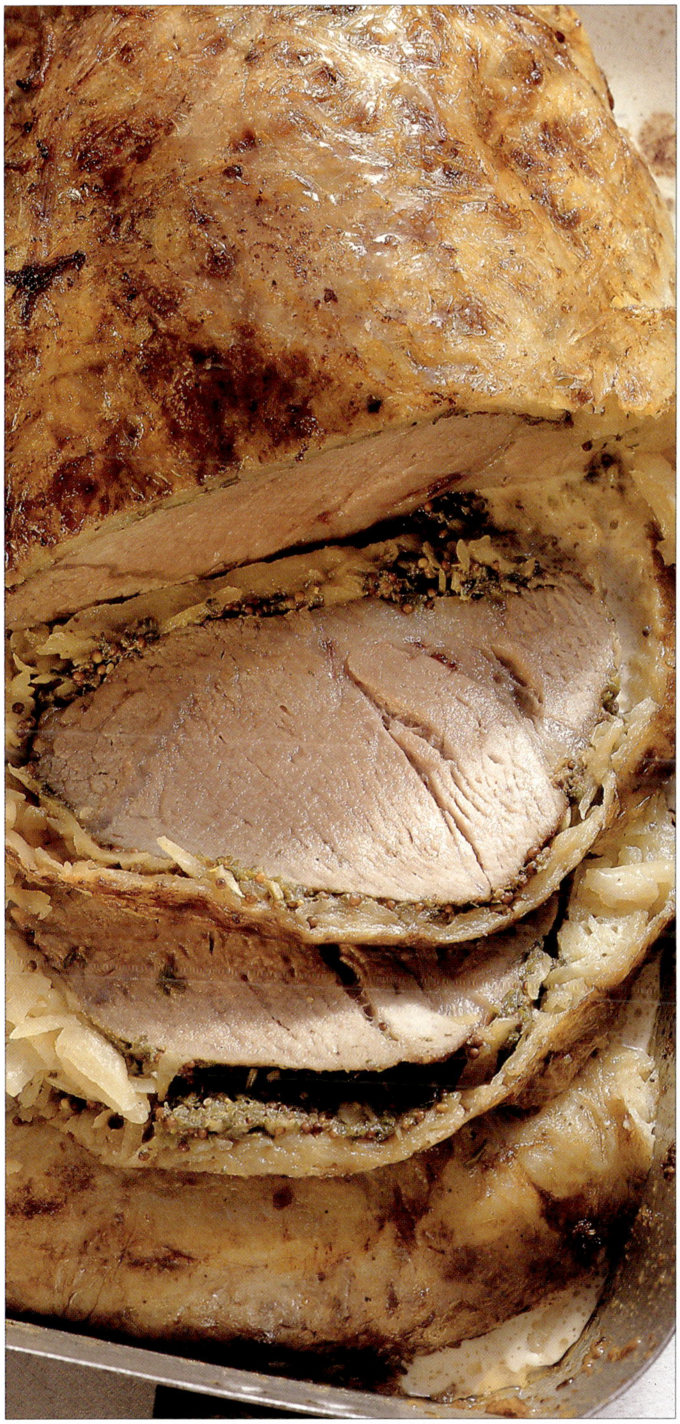

Ein Mantel aus geriebenen Kartoffeln und einem Schweinenetz verhindert auf hervorragende Weise das Austrocknen des mageren Kalbfleischs. Beim Einkauf sollten Sie Kalbfleisch mit etwas dunklerer Farbe bevorzugen. Es weist auf eine artgerechte Tierhaltung hin.

Für 4 Personen
Zubereitungszeit: 1 1/2 Stunden

800 g Kalbsnuß
Salz
1 bis 2 EL grobgehackte gemischte Pfefferkörner
2 EL Keimöl
1 Knoblauchzehe
1 Bund frische Frühlingskräuter (z. B. Petersilie, Basilikum, Kresse, Estragon, Kerbel)
abgeriebene Schale von 1/2 unbehandelten Zitrone
1 EL Dijon-Senf
1 Schweinenetz
800 g festkochende Kartoffeln
2 Eigelb
1 Bund Suppengrün
2 Schalotten
1/4 l trockener Weißwein
1/8 l Kalbsfond
2 EL Crème double

1. Die Kalbsnuß waschen und trockentupfen. Mit Salz und Pfeffer einreiben und in dem Öl rundherum in wenigen Minuten anbraten. Die Knoblauchzehe schälen und mit den Kräutern fein hacken. Mit der abgeriebenen Zitronenschale und dem Senf verrühren. Das Fleisch damit einstreichen.
2. Den Backofen auf 200° C vorheizen. Das Schweinenetz in lauwarmem Wasser einweichen, anschließend auf einem Küchentuch ausbreiten und trockentupfen.
3. Die Kartoffeln schälen und auf der groben Seite einer Rohkostreibe in eine Schüssel reiben. Rasch mit den Eigelb verrühren und mit Salz und Pfeffer würzen.
4. Die Kartoffelmasse so auf das Schweinenetz streichen, daß das Fleisch damit umhüllt werden kann. Die Kalbsnuß darauflegen und mit dem Schweinenetz und der Kartoffelmasse vorsichtig umhüllen. Die Enden gut festdrücken, falls nötig etwas abschneiden.
5. Suppengrün waschen und kleinschneiden, die Schalotten schälen und vierteln. Beides zum Fleisch geben. Mit Weißwein begießen und auf der mittleren Schiene des Backofens 45 Minuten braten. Dabei immer wieder mit Bratensaft und Kalbsfond begießen.
6. Das Fleisch aus dem Ofen nehmen und ruhen lassen. Die Sauce entfetten, durch ein Sieb passieren, mit Crème double verrühren und sämig einkochen lassen.

Pro Person:
Kalorien (kcal) 460
Eiweiß (g) 48
Fett (g) 13
Kohlenhydrate (g) 32

Wer etwas mehr Sauce möchte, läßt den entfetteten Bratenfond nicht so stark einkochen und bindet ihn statt dessen mit Fix-Soßenbinder.

HACKBRATEN

»Falscher Hase« nennt man in Berlin den Braten aus gehacktem Fleisch, der traditionsgemäß mit Salzkartoffeln und Gemüse serviert wird. Nachfolgend finden Sie das klassische Grundrezept und zwei der vielen Möglichkeiten, den preiswerten Braten immer wieder anders auf den Tisch zu bringen.

Für 4 Personen
Zubereitungszeit:
1 Stunde 10 Minuten

300 g gehacktes Rindfleisch
300 g Schweinemett
100 g durchwachsener Räucherspeck
2 Brötchen
2 Zwiebeln
2 Möhren
30 g Butter
2 Eier
1 Bund Petersilie, gehackt
Salz, frisch gemahlener Pfeffer
1 TL scharfer Senf
30 g Schweineschmalz
1 Bund Suppengrün
300 ml Fleischbrühe
1/8 l saure Sahne

1. Rindfleisch und Schweinemett in einer Schüssel vermischen. Den Räucherspeck fein hacken und daruntermischen.

2. Die Brötchen in lauwarmem Wasser einweichen. Zwiebeln und Möhren schälen, in sehr kleine Würfel schneiden und in der erhitzten Butter kurz dünsten. Den Backofen auf 200° C vorheizen.

3. Die Brötchen ausdrücken. Mit dem Gemüse, den Eiern und der Petersilie zum Fleisch geben. Gründlich miteinander vermischen und mit Salz, Pfeffer und Senf würzen.

4. Das Schmalz in einem Bräter erhitzen. Den Fleischteig zu einem länglichen Laib formen und in das heiße Fett setzen. Das Suppengrün waschen, kleinschneiden, dazugeben und ca. 50 Minuten braten lassen. Dabei immer wieder mit Brühe und Bratensaft begießen.

5. Den Braten aus dem Bräter nehmen und den Bratenfond durch ein Sieb passieren. Mit der sauren Sahne verrühren und unter Rühren einmal aufkochen lassen. Wer die Sauce sämiger mag, dickt sie mit Fix-Soßenbinder an.

Pro Person:
Kalorien (kcal) 895
Eiweiß (g) 44
Fett (g) 67
Kohlenhydrate (g) 18

Hackbraten zubereiten
Den Fleischteig zubereiten und mit nassen Händen zu einem länglichen Laib formen. Das Schmalz in einem Bräter erhitzen und den Laib hineinlegen. Das Suppengrün dazugeben.

Hackbraten garen
Im 200° C heißen Backofen in 50 Minuten goldbraun backen. Dabei den Braten immer wieder mit Brühe und Bratensaft begießen, damit er nicht trocken wird.

Sauce zubereiten
Den Bratenfond durch ein Sieb passieren und mit der sauren Sahne verrühren. Kurz durchkochen lassen und falls nötig mit 1 EL Fix-Soßenbinder andicken.

KÄSEHACKBRATEN

Für 4 Personen
Zubereitungszeit:
1 Stunde 10 Minuten

- 600 g gehacktes Rindfleisch
- 100 g durchwachsene Speckwürfel
- 100 g geriebener Hartkäse
- 1 Zwiebel
- je 1 rote und gelbe Parikaschote
- 4 EL Keimöl
- 2 eingeweichte Brötchen
- 2 Eier
- 2 EL gehackte Petersilie
- Salz
- frisch gemahlener Pfeffer

1. Rindfleisch, Speckwürfel und Käse vermischen. Die Zwiebel schälen, die Paprikaschoten putzen, in kleine Würfel schneiden und in 2 EL Öl andünsten. Die Brötchen ausdrücken und mit den Eiern und der Petersilie unter das Fleisch mischen. Mit Salz und Pfeffer würzen. Den Backofen auf 180° C vorheizen.

2. Den Teig zu einem Laib formen. Eine Kastenform mit dem restlichen Öl ausstreichen und den Laib hineinsetzen. Im Backofen in etwa 50 Minuten garen. Mit Bratkartoffeln servieren.

Pro Person:
Kalorien (kcal) 825
Eiweiß (g) 50
Fett (g) 58
Kohlenhydrate (g) 15

ORIENTALISCHER LAMMHACKBRATEN

Für 4 Personen
Zubereitungszeit:
1 Stunde 10 Minuten

- 600 g gehacktes Lammfleisch
- 50 g gekochter Reis
- 1 TL Thymianblätter
- 2 EL Rosinen
- 50 g gehackte Mandeln
- 2 Eigelb
- Salz, frisch gemahlener Pfeffer
- je 1 Msp Zimt- und Pimentpulver
- 1/2 TL frisch geriebene Ingwerwurzel

Außerdem:

- 1 Lamm- oder Kalbsnetz
- 2 Becher Vollmilch-Joghurt
- 2 bis 4 Knoblauchzehen

1. Aus den angegebenen Zutaten einen Fleischteig (siehe Seite 24) zubereiten und zu einem länglichen Laib formen. Den Backofen auf 200° C vorheizen.

2. Das Netz in lauwarmem Wasser einweichen, trockentupfen und ausbreiten. Den Laib darauflegen und fest mit dem Netz umhüllen. In einen Bräter legen und im heißen Backofen in etwa 50 Minuten goldbraun braten. Joghurt mit zerdrückten Knoblauchzehen würzen und dazu reichen oder mit Couscous servieren.

Pro Person:
Kalorien (kcal) 510
Eiweiß (g) 31
Fett (g) 37
Kohlenhydrate (g) 6

Knuspriges vom Grill

Bunte Fleischspieße, saftige Koteletts oder marinierte Bratenstücke, bei starker Hitze kurz gegrillt, das ist nicht nur im Sommer ein kulinarisches Vergnügen!

BUNTE GRILLSPIESSE

An lauen Sommerabenden gibt es nichts Schöneres, als unter freiem Himmel zu grillen. Mariniertes Fleisch und Würstchen verschiedenster Art werden ohne zusätzliche Fett- und Salzzugabe knusprig braun geröstet. Sollte der »Wettergott« nicht mitspielen, ermöglichen diverse Geräte für den Haushalt das Grillen in den eigenen vier Wänden.

Für 4 Personen
Marinierzeit: ca. 2 Stunden
Zubereitungszeit: 45 Minuten

- 250 g Lammfilet
- 1 Schweinenackenkotelett
- 2 dünn geschnittene Rinderrouladen
- 2 Knoblauchzehen
- 1 TL Thymianblätter
- einige Rosmarinnadeln
- 1 EL schwarze Pfefferkörner
- 1 TL Estragonsenf
- Saft von 1/2 Zitrone
- 6 EL Olivenöl
- 4 dünne Scheiben roher Speck
- 8 Minzeblätter
- 8 eingelegte Weinblätter
- 2 kleine Zucchini
- 4 kleine Zwiebeln
- 1 rote Paprikaschote, Salz

1. Lammfilet, Nackenkotelett und Rinderrouladen in eine tiefe Platte legen. Die Knoblauchzehen schälen und mit Kräutern und Pfeffer in einem Mörser zerreiben. Den Senf hinzufügen und nach und nach Zitronensaft und das Öl dazugeben. Das Fleisch mit der Marinade bestreichen und gut abgedeckt im Kühlschrank mindestens 2 Stunden marinieren.

2. Das Fleisch aus dem Kühlschrank nehmen, die Marinade abstreifen. Die Rinderrouladen ausbreiten, mit je 2 Speckscheiben belegen und von der Schmalseite her aufrollen. Jede Roulade in 4 gleichgroße Stücke schneiden.

3. Das Lammfilet in 8 dicke Scheiben schneiden. Auf jede Lammscheibe 1 Minzeblatt legen und mit je 1 Weinblatt umhüllen.

4. Das Kotelett der Länge nach halbieren, dann jede Hälfte in 4 Stücke teilen.

5. Die Zucchini in etwa 1 cm dicke Scheiben schneiden. Die Zwiebeln schälen und vierteln. Die Paprikaschote halbieren, Stengelansatz entfernen, entkernen und in große Stücke schneiden.

6. Auf vier Metallspieße abwechselnd Fleisch und Gemüse stecken. Mit der Marinade bestreichen.

7. Entweder über der heißen Glut eines Holzkohlengrills oder unter dem Backofengrill etwa 15 bis 20 Minuten grillen. Immer wieder wenden und mit der Marinade bestreichen. Falls nötig, mit Salz würzen.

Pro Person:
Kalorien (kcal) 570
Eiweiß (g) 40
Fett (g) 40
Kohlenhydrate (g) 4

• Damit das Fett nicht in die heiße Glut tropft, legt man die Spieße am besten auf geölte, extrastarke Alufolie oder auf spezielle Grillschalen.

• Man kann die Kotelettstücke auch mit Salbeiblättern belegen und erst dann auf die Spieße stecken.

Fleisch marinieren
Die Knoblauchzehen schälen und mit den Kräutern und den Pfefferkörnern in einem Mörser zerreiben. Senf, Zitronensaft und Öl dazugeben und zu einer cremigen Sauce verrühren. Das Fleisch darin einige Stunden marinieren!

Fleisch portionieren
Die Rouladen mit den Speckscheiben belegen, von der Schmalseite her aufrollen und in je 4 Stücke schneiden. Das Lammfilet in 8 dicke Scheiben schneiden. Mit je 1 Minzeblatt belegen und in 1 Weinblatt hüllen. Kotelett in 8 Stücke teilen.

Gemüse vorbereiten
Die Zucchini in 1 cm dicke Scheiben schneiden. Die Zwiebeln schälen und vierteln. Die Paprikaschote halbieren, Stengelansatz und Kerne entfernen und in große Stücke schneiden.

Spieße vorbereiten
Fleisch und Gemüse abwechselnd auf vier Metallspieße stecken. Dabei die Weinblätter gut feststecken. Die Rouladen so durchstechen, daß die Speckfüllung sichtbar wird. Dann mit der Marinade bestreichen.

Grillen
Die Fleischspieße entweder über der heißen Glut eines Holzkohlengrills oder unter dem vorgeheizten Backofengrill grillen. Die Spieße immer wieder wenden, damit sie gleichmäßig garen und zwischendurch mit Marinade bestreichen.

SCHWEINERÖLLCHEN VOM SPIESS

Fleischspieße sehen nicht nur appetitanregend aus, sie bringen auch Abwechslung auf den Tisch. Nach Lust und Laune kann man die unterschiedlichsten Zutaten kombinieren und auf Spieße stecken. Zur Einstimmung hier zwei Variationen!

Für 4 Personen
Zubereitungszeit: 30 Minuten

- 8 dünn geschnittene Schweineschnitzel (à 100 g)
- frisch gemahlener Pfeffer
- 2 EL scharfer Senf
- 60 g geriebener Hartkäse
- 1 kleine Zwiebel
- 1/2 Bund glatte Petersilie
- 8 kleine rohe Bratwürstchen
- 8 junge Frühlingszwiebeln
- 8 Cocktailtomaten
- 2 bis 3 EL Olivenöl
- 1 TL gerebelter Thymian
- 1 EL Aceto Balsamico
- 1 EL Dijon-Senf

1. Die Schweineschnitzel mit der platten Seite eines Fleischklopfers flachklopfen und mit Pfeffer würzen.
2. Senf und Käse miteinander verrühren. Die Zwiebel schälen und in kleine Würfel schneiden, die Petersilie fein hacken und unter die Senfmischung rühren. Die Schnitzel damit bestreichen, mit je 1 Bratwürstchen belegen und aufrollen. Jedes Fleischröllchen halbieren.
3. Von den Frühlingszwiebeln die Wurzeln und das hintere grüne Ende entfernen. Die Zwiebeln in kochendem Salzwasser einige Minuten blanchieren. Mit einem Schaumlöffel aus dem Wasser heben und gut abtropfen lassen.
4. Auf 4 Metallspieße jeweils 1/2 Fleischröllchen so aufspießen, daß die Fleischenden festgehalten werden. Dann je 1 Cocktailtomate und 1 Frühlingszwiebel aufspießen. So fortfahren, bis alle Zutaten verteilt sind.
5. Das Olivenöl mit Thymian, Essig und Senf cremig rühren und die Spieße damit bestreichen. Den Grillrost mit Öl bestreichen oder mit Alufolie auslegen und die Spieße darauflegen.
6. Unter einen vorgeheizten Backofengrill oder über die heiße Glut eines Holzkohlengrills legen und in etwa 10 bis 15 Minuten goldbraun grillen. Dabei immer wieder mit der Marinade bestreichen und die Spieße zwischendurch wenden.

Pro Person:
Kalorien (kcal) 915
Eiweiß (g) 46
Fett (g) 74
Kohlenhydrate (g) 5

Füllen Sie die Schweineschnitzel zur Abwechslung einmal mit Ziegen- oder Edelpilzkäse!

FLEISCHBÄLLCHEN VOM SPIESS

Da der Hackfleischteig sehr leicht am Grillrost hängen bleibt, legt man die Spieße am besten auf eine geölte, extrastarke Alufolie. Serviert werden die Fleischbällchen wie die jugoslawischen Čevapčići mit gehackten rohen Zwiebeln und Ajvar, einer würzigen Paprikacreme!

Für 4 Personen
Ruhezeit: 1 Stunde
Zubereitungszeit: 30 Minuten

- 250 g gehacktes Rindfleisch
- 250 g gehacktes Schweinefleisch
- 100 g gehacktes Lammfleisch
- 4 Knoblauchzehen
- 1/2 Bund glatte Petersilie
- 3 EL Mehl
- 2 TL Paprikapulver, edelsüß
- Salz
- frisch gemahlener Pfeffer
- 2 kleine Zucchini
- 2 EL Olivenöl
- 1 TL gerebelter Thymian
- 2 bis 3 große Zwiebeln
- einige EL Ajvar

1. Das Hackfleisch in einer Schüssel vermischen. 3 Knoblauchzehen schälen, mit der Petersilie fein hacken und sorgfältig unter das Hackfleisch mischen. 1 EL Mehl und die Hälfte des Paprikapulvers sowie Salz und Pfeffer hinzufügen und alles gründlich zu einem glatten Hackfleischteig verkneten.

2. Restliches Mehl und Paprikapulver in einem tiefen Teller vermischen. Aus dem Teig kleine Bällchen formen und in der Mehlmischung wenden. Die Bällchen einige Minuten ruhen lassen, damit das Mehl aufquillt und das Hackfleisch gut zusammenhält.

3. Die Zucchini waschen und in 1 cm dicke Scheiben schneiden. Restliche Knoblauchzehe schälen, durch eine Presse drücken und mit Öl und Thymian verrühren. Die Zucchinischeiben damit bestreichen.

4. Abwechselnd Fleischbällchen und Zucchini auf 4 Metallspieße stecken und unter dem vorgeheizten Backofengrill oder über der heißen Glut eines Holzkohlengrills etwa 10 bis 15 Minuten grillen. Dabei gelegentlich wenden und mit der Ölmarinade bestreichen.

5. Die Zwiebeln schälen, in kleine Würfel schneiden und mit Ajvar zu den Fleischspießen servieren!

Pro Person:
Kalorien (kcal) 505
Eiweiß (g) 35
Fett (g) 34
Kohlenhydrate (g) 7

• Man kann die Fleischbällchen auch nur aus einer Hackfleischsorte herstellen und beliebig würzen.
• Eine nette Überraschung sind auch mit Käse, Oliven oder Perlzwiebeln gefüllte Fleischbällchen!

LAMMKOTELETTS VOM GRILL

Für 4 Personen
Marinierzeit: 1 Stunde
Zubereitungszeit: 15 Minuten

- 4 Knoblauchzehen
- 2 Thymianzweige
- 2 frische Lorbeerblätter
- 2 EL grüne eingelegte Pfefferkörner, 8 EL Olivenöl
- 8 Lammkoteletts (à 100 g)
- Salz

1. Knoblauchzehen schälen und fein hacken. Abgezupfte Thymianblätter und Lorbeerblätter fein wiegen. Die grünen Pfefferkörner mit einem breiten Messerrücken zerdrücken und alles mit Olivenöl verrühren.

2. Die Lammkoteletts gegebenenfalls parieren (siehe Seite 22), waschen und trockentupfen. Mit der Marinade bestreichen und etwa 1 Stunde durchziehen lassen.

3. Koteletts aus der Marinade nehmen, abtropfen lassen, salzen und entweder über der heißen Glut des Holzkohlengrills oder unter dem Backofengrill 3 bis 5 Minuten pro Seite grillen.

Pro Person:
Kalorien (kcal) 830
Eiweiß (g) 30
Fett (g) 74
Kohlenhydrate (g) 0

SÜSS-SCHARFE SPARERIBS

Für 4 Personen
Marinierzeit: 2 Stunden
Zubereitungszeit: 30 Minuten

- 2 kg Spareribs
- Salz
- *Für die Marinade:*
- 4 EL Mango-Chutney
- 2 EL Tomatenmark
- 1 EL Paprikamark
- 4 EL Sojasauce
- 3 EL Keimöl
- Saft von 1/2 Orange
- abgeriebene Schale von 1 unbehandelten Orange
- 1 Stückchen gehacktes Zitronengras
- 1 EL grob geschroteter Pfeffer
- 1 rote gehackte Pfefferschote
- 2 bis 3 gehackte Knoblauchzehen

1. Die Spareribs in Stücke von 2 bis 3 Rippen schneiden und in wenig kochendem Salzwasser etwa 10 Minuten vorgaren. Aus dem Wasser nehmen und abkühlen lassen.

2. Die angegebenen Zutaten zu einer Marinade verrühren und die Rippchen damit bestreichen. Mindestens 2 Stunden durchziehen lassen.

3. Die Spareribs über der heißen Glut eines Holzkohlengrills oder unter dem vorgeheizten Backofengrill in etwa 20 Minuten goldbraun grillen. Dabei immer wieder wenden!

Pro Person:
Kalorien (kcal) 450
Eiweiß (g) 39
Fett (g) 29
Kohlenhydrate (g) 0

PFEFFRIGE PRIME-RIBS

Für 4 Personen
Marinierzeit: 6 Stunden
Zubereitungszeit: 30 Minuten

2 bis 3 Knoblauchzehen
2 EL grüne eingelegte Pfefferkörner, 4 EL Olivenöl
4 EL Aceto Balsamico
1 EL dünnflüssiger Honig
4 Prime-Ribs (mit Knochen aus der Hochrippe, à 300 g)
2 Rosmarinzweige
2 Thymianzweige, Salz

1. Knoblauchzehen schälen und durch eine Presse drücken. Pfefferkörner fein hacken und mit Olivenöl, Essig und Honig zu einer Sauce verrühren.

2. Die Prime-Ribs mit der Marinade bestreichen und mit den Kräuterzweigen übereinanderlegen. Zugedeckt mindestens 6 Stunden, am besten über Nacht, durchziehen lassen.

3. Prime-Ribs salzen und über der heißen Glut eines Holzkohlengrills oder unter dem Backofengrill 6 bis 8 Minuten pro Seite grillen. Dabei ab und zu wenden und mit der Marinade bestreichen.

Pro Person:
Kalorien (kcal) 775
Eiweiß (g) 56
Fett (g) 54
Kohlenhydrate (g) 3

SCHWEINEBAUCH IN HONIGMARINADE

Für 4 Personen
Marinierzeit: 6 Stunden
Zubereitungszeit: 30 Minuten

Für die Marinade:
2 EL Tomatenmark
2 EL Ketchup
1 EL frisch geriebener Meerrettich
2 EL dünnflüssiger Honig
einige Spritzer Tabasco
1 EL frisch geriebene Ingwerwurzel, 1 TL Curry
frisch gemahlener Pfeffer
1 TL gehackte Korianderkörner
2 cl Fino-Sherry
2 EL Aceto Balsamico
2 EL Keimöl
Außerdem:
8 Scheiben Schweinebauch (1 cm dick), Salz

1. Die angegebenen Zutaten zu einer cremigen Sauce verrühren und die Schweinebauchscheiben damit bestreichen. Zugedeckt mindestens 6 Stunden, am besten über Nacht, durchziehen lassen.

2. Die Marinade ein wenig abstreifen und die Fleischscheiben über der heißen Glut eines Holzkohlengrills oder unter dem vorgeheizten Backofengrill pro Seite etwa 6 bis 8 Minuten grillen. Dabei immer wieder wenden und mit der Marinade bestreichen.

Pro Person:
Kalorien (kcal) 870
Eiweiß (g) 28
Fett (g) 77
Kohlenhydrate (g) 4

WACHOLDER-SPIESSBRATEN

Früher wurde zu Festtagen ein Spanferkel geschlachtet und über dem Feuer am Spieß gegrillt. Da aber heutzutage die wenigsten über einen entsprechend großen Grill verfügen, hier zwei Vorschläge für etwas kleinere Spießbraten. Falls Sie mit Holzkohle grillen, geben Sie einem Grill, bei dem die Grillkohle seitlich angeordnet ist, den Vorzug!

Für 6 Personen
Marinierzeit: 12 Stunden
Zubereitungszeit: 1 1/2 Stunden

1,2 kg Schweinefleisch aus dem Hals (ohne Knochen)
10 Wacholderbeeren
4 Pimentkörner
10 schwarze Pfefferkörner
abgeriebene Schale von 1 unbehandelten Orange
Salz
2 EL Estragonsenf
4 cl Wacholderschnaps (Gin)
4 EL Keimöl
1/8 l fruchtiger Weißwein (z. B. Silvaner aus Franken)

1. Das Schweinefleisch waschen und trockentupfen.
2. Wacholderbeeren, Piment- und Pfefferkörner in einem Mörser fein zerstoßen. Die Orangenschale, Salz und Senf hinzufügen und mit Gin und Öl zu einer cremigen Sauce verrühren. Das Fleisch damit einstreichen und zugedeckt über Nacht durchziehen lassen.
3. Am nächsten Tag die Marinade vom Fleisch abstreifen und den Schweinebraten auf einen Drehspieß stecken. An beiden Enden gut befestigen. Entweder vor oder über der heißen Glut eines Holzkohlengrills oder in der entsprechenden Dreheinrichtung eines Backofengrills in ca. 1 Stunde 15 Minuten goldbraun grillen. Unter das Fleisch unbedingt eine Fettpfanne stellen!
4. Die restliche Marinade mit dem Wein verrühren und das Fleisch während des Grillens damit bestreichen.
5. Den Schweinebraten vom Spieß nehmen und etwa 10 Minuten ruhen lassen. Aufschneiden und mit dem aufgefangenen Fleischsaft begießen.

Pro Person:
Kalorien (kcal) 485
Eiweiß (g) 37
Fett (g) 34
Kohlenhydrate (g) 0

Ein saftiges Stück Mastochsenfleisch schmeckt auf diese Weise zubereitet ebenfalls sehr gut!

GEFÜLLTER SPIESSBRATEN

Auch aus billigen Fleischstücken (wie etwa vom Bauch) lassen sich hervorragende Braten zaubern. Zum Beispiel, indem man sie durch eine raffinierte Füllung aufwertet! Grillt man den Braten anschließend auf einem Spieß knusprig braun, hat man Zeit, sich um die Gäste zu kümmern und bietet ihnen außerdem eine tolle Überraschung.

Für 8 bis 10 Personen
Zubereitungszeit:
2 Stunden 10 Minuten

- 2 kg Schweinerollbraten
- Salz, frisch gemahlener Pfeffer
- 2 Schalotten
- 1 Bund gemischte Frühlingskräuter
- 2 säuerliche Äpfel
- 2 bis 3 cm frischer Meerrettich
- 4 hartgekochte Eier
- 2 Knoblauchzehen
- 4 EL Keimöl
- 2 EL Zitronensaft
- 1 TL gerebelter Majoran

1. Den Rollbraten auseinanderrollen, ausbreiten und mit der platten Seite eines Fleischklopfers flachklopfen. Mit Salz und Pfeffer einreiben.
2. Die Schalotten schälen und mit den Kräutern fein hacken. Die Äpfel schälen, halbieren, entkernen und grob reiben. Den Meerrettich schälen und fein reiben, die Eier grob hacken. Alles miteinander vermischen und auf dem Fleisch verteilen. Aufrollen und mit Küchengarn wieder fest binden (siehe Seite 22).
3. Den Rollbraten auf einen Spieß stecken und entweder vor oder über der heißen Glut eines Holzkohlengrills oder in der entsprechenden Dreheinrichtung des Backofens in etwa 1 Stunde 40 Minuten goldbraun grillen.
4. Die Knoblauchzehen schälen und durch eine Presse drücken. Mit Öl, Zitronensaft, Majoran, Salz und Pfeffer verrühren und das Fleisch während des Grillens immer wieder damit bestreichen.
5. Vor dem Anschneiden mindestens 10 Minuten ruhen lassen, damit sich der Fleischsaft verteilen kann.

Pro Person:
Kalorien (kcal) 805
Eiweiß (g) 28
Fett (g) 70
Kohlenhydrate (g) 4

Die Füllung ist beliebig variierbar. Man kann den Rollbraten z. B. auch mit Salbeibättern und rohem Schinken oder mit einem cremigen Edelpilzkäse füllen.

Raffiniertes aus Innereien

Kurz gebraten oder langsam geschmort – die Leckerbissen aus Leber, Nieren, Herz & Co. lassen Genießerherzen höher schlagen!

KALBSLEBER AUF BERLINER ART

Kalbsleber, früher ein typisches »Armeleuteessen«, ist heute ihrer Zartheit und des feinen Aromas wegen eine geschätzte Delikatesse. Allerdings verhält es sich mit der Leber wie mit einem zweischneidigen Schwert: Einerseits birgt sie wertvolle Vitamine und Mineralstoffe, andererseits ist sie als Entgiftungsorgan des Körpers durch schädliche Umweltstoffe belastet. Dennoch: Einmal im Monat kann man sich den Genuß ohne Bedenken gönnen!

Für 4 Personen
Zubereitungszeit: 30 Minuten

- 4 mittelgroße Zwiebeln
- 2 große aromatische Äpfel
- 4 Scheiben Kalbsleber (à 150 g)
- Salz, frisch gemahlener Pfeffer
- 2 EL Mehl
- 5 EL Keimöl
- 40 g Butter

1. Die Zwiebeln und die Äpfel schälen. Von den Äpfeln mit einem Kernausstecher die Kerngehäuse entfernen. Die Äpfel in 1 cm dicke Scheiben schneiden. Die Zwiebeln in dünne Scheiben hobeln.
2. Die Kalbsleber, falls nötig, von Haut und Sehnen befreien. Mit Salz und Pfeffer würzen, in Mehl wenden und das überschüssige Mehl abklopfen.
3. In einer Pfanne 4 EL Öl erhitzen und die Zwiebelringe darin unter Rühren bei mittlerer Hitze goldbraun braten.
4. In einer zweiten Pfanne 30 g Butter erhitzen und die Apfelscheiben bei schwacher Hitze und unter gelegentlichem Wenden weichdünsten.
5. Zwiebeln aus der Pfanne nehmen und auf einem zusammengefalteten Küchenpapier abtropfen lassen. Das Bratfett abgießen und das restliche Öl und die Butter in der Pfanne erhitzen. Die Leberscheiben darin 2 bis 3 Minuten pro Seite braten.
6. Die Leberscheiben auf einer Platte anrichten, mit den Apfelscheiben belegen und den Zwiebelringen garnieren.
Zu diesem klassischen Rezept reicht man Kartoffelpüree!

Pro Person:
Kalorien (kcal) 460
Eiweiß (g) 30
Fett (g) 26
Kohlenhydrate (g) 24

Landläufig besteht immer noch die Meinung, daß man die Leber erst nach dem Braten salzen darf. Erfahrene Köche bestätigen, daß dies nicht zutrifft! Allerdings sollte die Leber nach dem Salzen sofort in heißem Fett gebraten werden.

Zwiebeln und Äpfel vorbereiten
Zwiebeln und Äpfel schälen. Von den Äpfeln mit einem Kernausstecher das Kerngehäuse entfernen. Die Früchte in 1 cm dicke Scheiben schneiden. Die Zwiebeln am besten mit Hilfe eines Gurkenhobels in dünne Scheiben hobeln.

Leber vorbereiten
Die Kalbsleberscheiben von Haut und Sehnen befreien. Mit Salz und Pfeffer bestreuen und in Mehl wenden. Das überschüssige Mehl wieder abklopfen.

Zwiebeln und Äpfel braten
In einer Pfanne 4 EL Öl erhitzen und die Zwiebelringe darin bei mittlerer Hitze unter Rühren goldbraun braten. In einer zweiten Pfanne 30 g Butter zerlassen und die Apfelringe bei schwacher Hitze weich dünsten.

Leber braten
Die Zwiebeln aus der Pfanne nehmen und zum Abtropfen auf ein zusammengefaltetes Küchenpapier geben. Das Bratfett abgießen und das restliche Öl und die Butter darin erhitzen. Die Leberscheiben bei mittlerer Hitze pro Seite 2 bis 3 Minuten braten.

Anrichten
Die Leberscheiben dürfen keinesfalls zu lange braten, da sie sonst trocken und zäh werden. Die Leber soll innen noch rosa sein. Auf eine vorgewärmte Platte legen, mit den Apfelringen belegen und den Zwiebelringen garnieren.

KALBSLEBER MIT ESTRAGON

Für 4 Personen
Zubereitungszeit: 30 Minuten

- 2 Zwiebeln
- 125 g magerer Räucherspeck
- 700 g Kalbsleber
- Salz, frisch gemahlener Pfeffer
- 2 Äpfel, 50 g Butterschmalz
- 6 bis 8 gehackte Estragonblätter
- 2 cl Calvados
- 200 g Crème fraîche

1. Zwiebeln und Räucherspeck in kleine Würfel, die Leber in schmale Streifen schneiden. Mit Salz und Pfeffer würzen. Die Äpfel schälen, halbieren, entkernen und in längliche Spalten schneiden.

2. Die Speckwürfel in 30 g Butterschmalz andünsten, die Zwiebeln dazugeben und glasig dünsten. In einer zweiten Pfanne die Äpfel in dem restlichen Butterschmalz goldbraun braten.

3. Die Leberstreifen zu den Zwiebeln geben und 5 Minuten braten. Sie müssen innen noch rosa sein! Estragon, Calvados und Crème fraîche dazugeben und aufkochen lassen. Die Apfelstücke daruntermischen, mit Salz und Pfeffer würzen.

Pro Person:
Kalorien (kcal) 735
Eiweiß (g) 38
Fett (g) 55
Kohlenhydrate (g) 18

PANIERTE KALBSLEBER

Für 4 Personen
Zubereitungszeit: 20 Minuten

- 2 Eier
- 2 bis 3 Salbeiblätter
- 2 EL geriebener Parmesan
- 80 g Paniermehl
- 4 Scheiben Kalbsleber (à 150 g)
- Salz
- frisch gemahlener Pfeffer
- 2 EL Mehl
- 4 EL Keimöl
- 10 g Butter
- 1 Zitrone

1. Die Eier verquirlen. Salbeiblätter in feine Streifen schneiden und mit Parmesan und Paniermehl vermischen.

2. Die Leberscheiben mit Salz und Pfeffer würzen. Erst in dem Mehl, dann in den Eiern und zum Schluß in dem Paniermehl wenden. Die Panade gut festdrücken.

3. Öl und Butter in einer großen Pfanne erhitzen und die Kalbsleber bei mittlerer Hitze pro Seite etwa 4 Minuten braten. Die Leber muß innen noch leicht rosa sein! Mit Zitronenvierteln belegt servieren.

Pro Person:
Kalorien (kcal) 420
Eiweiß (g) 37
Fett (g) 21
Kohlenhydrate (g) 22

SAURE NIEREN AUF BAYERISCHE ART

Für 4 Personen
Einweichzeit: 30 Minuten
Zubereitungszeit: 20 Minuten

4 Schweinenieren
1 große Zwiebel
2 EL Keimöl, 20 g Butter
Salz, frisch gemahlener Pfeffer
2 EL frische oder 1 EL gerebelte
Majoranblätter
4 cl Weinessig
1/4 l Fleischbrühe
1 bis 2 EL Fix-Soßenbinder
2 EL gehackte Petersilie

1. Die Nieren der Länge nach halbieren. Sehnen und Fett herauslösen. Etwa 30 Minuten in kaltes Wasser legen.
2. Die Nieren trockentupfen und in Streifen, die Zwiebel in kleine Würfel schneiden.
3. Die Zwiebel in Öl und Butter glasig dünsten. Die Nieren dazugeben, mit Salz, Pfeffer und Majoran würzen. Bei mittlerer Hitze etwa 5 Minuten braten. Mit Essig ablöschen, einkochen lassen und mit Brühe aufgießen. So viel Fix-Soßenbinder darunterrühren, bis die gewünschte Sämigkeit erreicht ist. Mit Petersilie und restlichen Majoranblättchen bestreuen und mit Spätzle servieren.

Pro Person:
Kalorien (kcal) 290
Eiweiß (g) 25
Fett (g) 17
Kohlenhydrate (g) 5

GEBRATENE KALBSHERZEN

Für 4 Personen
Zubereitungszeit: 20 Minuten

2 Kalbsherzen (à 500 g)
4 EL Olivenöl
Salz
frisch gemahlener Pfeffer
Saft von 1 Zitrone

1. Von den Kalbsherzen das äußere Fett abschneiden, die Herzen halbieren und die Sehnen und Knorpel sorgfältig herausschneiden.
2. Die Herzen quer in 1/2 cm dicke Scheiben schneiden.
3. In einer großen Bratpfanne 2 EL Öl erhitzen und die Hälfte der Herzscheiben darin bei starker Hitze pro Seite etwa 2 Minuten scharf anbraten. Sofort auf eine vorgewärmte Platte geben. Die zweite Hälfte in dem restlichen Öl auf die gleiche Weise braten.
4. Mit Salz und Pfeffer würzen, mit Zitronensaft beträufeln und sofort servieren. Dazu gedünstetes Gemüse reichen.

Pro Person:
Kalorien (kcal) 365
Eiweiß (g) 40
Fett (g) 20
Kohlenhydrate (g) 1

FLAMBIERTE KALBSNIEREN IN SENFSAUCE

Beim Kauf von Kalbsnieren sollten Sie darauf achten, daß diese noch mit ein wenig Fett umhüllt sind, da gerade das dem Gericht ein besonders schmackhaftes Aroma verleiht. Richtig zubereitet sind Kalbsnieren saftig und ausgesprochen zart, zu lange gegart werden Sie trocken und zäh. Daher rechtzeitig aus der Pfanne nehmen!

Für 4 Personen
Zubereitungszeit: 30 Minuten

- 2 Kalbsnieren (à 250 g)
- Salz
- frisch gemahlener Pfeffer
- 50 g Butter
- 3 Schalotten
- 1/8 l Kalbsfond
- 1/8 l Sahne
- 2 cl Cognac
- 4 EL trockener Weißwein
- 1 EL Dijon-Senf
- 2 EL gehackte Frühlingskräuter

1. Die Kalbsnieren waschen, gut trockentupfen und mit Salz und Pfeffer würzen. In 20 g erhitzter Butter rundherum anbraten, bis eine leichte Kruste entsteht. Bei schwacher Hitze 10 Minuten braten lassen, dabei die Nieren immer wieder wenden und mit dem Bratfett begießen.
2. Die Schalotten schälen, in Würfel schneiden und in der restlichen Butter glasig dünsten. Mit Kalbsfond und Sahne aufgießen und sämig einkochen lassen.
3. Die Nieren mit Cognac begießen und flambieren. Anschließend aus dem Topf nehmen und in Alufolie hüllen.
4. Den Bratenfond entfetten, mit Wein ablöschen und mit dem Senf unter die Sahnesauce mischen. Kurz durchkochen lassen! Zum Schluß die Kräuter hinzufügen und, falls nötig, noch einmal mit Salz und Pfeffer würzig abschmecken.
5. Die Nieren in Scheiben schneiden und den entstandenen Bratensaft zur Sauce geben. Mit Röstkartoffeln und gedünstetem Gemüse servieren.

Pro Person:
Kalorien (kcal) 375
Eiweiß (g) 22
Fett (g) 29
Kohlenhydrate (g) 4

• Garprobe: Mit einem Metallspieß in die Nieren stechen. Zeigt sich an der Einstichstelle ein heller Blutstropfen, sind die Nieren genau richtig. Sie müssen innen noch leicht rosa sein.
• Im Ganzen gebratene Innereien müssen vor dem Anschneiden ruhen, damit sich der Saft verteilen kann.

GESCHMORTES KALBSHERZ

Herz ist das Stiefkind unter den Innereien. Völlig zu Unrecht, denn es ist nicht nur sehr mager und mineralstoffhaltig, sondern – richtig zubereitet – ein wahrer Hochgenuß. Wichtig ist: bei sanfter Hitze und nicht zu lange schmoren!

Für 4 Personen
Zubereitungszeit: 35 Minuten

- 1 Kalbsherz (à 800 g)
- 1 mittelgroße Lauchstange
- 2 große Möhren
- Salz
- frisch gemahlener Pfeffer
- 1 EL Keimöl
- 50 g Butter
- 4 cl weißer Portwein
- 1/8 l trockener Weißwein
- 2 EL Crème double
- einige Kerbelzweige

1. Das Kalbsherz halbieren und die Sehnen und Knorpel sorgfältig herausschneiden.
2. Von der Lauchstange die Wurzeln und das hintere grüne Ende entfernen. Die Stange in etwa 6 cm lange Stücke schneiden. Dann halbieren, waschen und längs in feine Streifen schneiden. Die Möhren waschen, putzen und in 6 cm lange Stücke schneiden. Auf dem Gurkenhobel der Länge nach in dünne Scheiben hobeln, dann in feine Streifen schneiden.
3. Die Herzhälften mit Salz und Pfeffer würzen und in 20 g Butter bei starker Hitze scharf anbraten. Mit Portwein ablöschen und zugedeckt bei mittlerer Hitze ca. 10 Minuten schmoren.
4. In einer zweiten Pfanne die restliche Butter erhitzen und die Gemüsestreifen darin andünsten. Mit dem Wein aufgießen und zugedeckt in wenigen Minuten bißfest garen.
5. Die Herzhälften aus der Pfanne nehmen und in Alufolie hüllen.
6. Die Crème double und das Gemüse unter den Bratenfond mischen. Kurz durchkochen lassen und mit Kerbelblättchen bestreuen.
7. Das Herz in dünne Scheiben schneiden (es sollte innen noch leicht rosa sein) und auf dem Gemüse anrichten.

Pro Person:
Kalorien (kcal) 410
Eiweiß (g) 34
Fett (g) 25
Kohlenhydrate (g) 8

• Wichtig ist, daß die Herzen sorgfältig von allen Sehnen und Knorpeln befreit werden. Es darf nur noch das reine Muskelfleisch übrigbleiben.
• Portwein ist ein Aperitif- oder Dessertwein (bis 25 Vol.% Alkohol) aus den Weingärten entlang des Flusses Douro in Portugal. Die Qualität eines Portweins hängt vor allem von den Traubensorten und der Lagerzeit in den Fässern und Flaschen ab. Weißer Portwein, wie er in diesem Rezept verwendet wird, ist weniger süß als roter, und man trinkt ihn bevorzugt gekühlt. Sollten Sie keinen weißen Portwein haben, nehmen Sie am besten trockenen Amontillado-Sherry.

GEPÖKELTE RINDERZUNGE AUF MADEIRA-LINSEN

Rinderzunge wird häufig gepökelt angeboten. Dieses Rezept ist eine besonders gelungene Kombination, da der etwas salzige Geschmack der gepökelten Zunge mit dem süßlichen Geschmack des Madeira sehr gut harmoniert! Rote Linsen müssen übrigens nicht eingeweicht werden, da sie ohnehin sehr zart sind. Reste der gekochten Rinderzunge eignen sich hervorragend als Brotbelag!

Für 4 Personen
Zubereitungszeit: 2 Stunden

- 1 gepökelte Rinderzunge (ca. 1 kg)
- 1 Zwiebel
- 1 Lorbeerblatt
- 2 Gewürznelken
- 2 Schalotten
- 30 g Butter
- 200 g rote Linsen
- 6 cl Madeira
- 1/2 l Kochbrühe
- 2 EL Crème fraîche
- 1/2 Bund glatte Petersilie

1. Die Zunge waschen und gut abbürsten. In einen großen Kochtopf legen und mit kaltem Wasser begießen. Die Zwiebel schälen, mit dem Lorbeerblatt und den Nelken spicken und dazugeben. Zum Kochen bringen und in etwa 1 1/2 Stunden bei schwacher Hitze garen.
2. Währenddessen die Schalotten schälen, in kleine Würfel schneiden und in der erhitzten Butter glasig dünsten. Die Linsen waschen, auf einem Sieb abtropfen lassen, dazugeben und kurz mitdünsten.
3. Mit Madeira ablöschen und mit der Brühe aufgießen. Etwa 15 bis 20 Minuten köcheln lassen.
4. Dann die Crème fraîche darunterrühren und bei starker Hitze sämig einkochen lassen. Die Petersilie fein hacken und unter die Linsen mischen.
5. Die Rinderzunge aus der Brühe nehmen, kalt abbrausen und häuten. Quer in Scheiben schneiden und auf den Linsen anrichten.

Pro Person:
Kalorien (kcal) 790
Eiweiß (g) 52
Fett (g) 48
Kohlenhydrate (g) 27

- Die Zunge ist gar, wenn sich die Zungenspitze leicht mit Daumen und Zeigefinger »durchdrücken« läßt.
- Köstlich schmeckt es auch, wenn man die Linsen im Mixer oder mit einem Pürierstab fein püriert.
- Falls die Kochbrühe zu salzig ist, können Sie die Hälfte davon durch Fleischbrühe ersetzen!

GEKOCHTE KALBSZUNGE MIT PAPRIKARAHM

Zungen lassen sich nur auf eine Art und Weise garen: durch Kochen bei sanfter Temperatur. Nach dem Garen kann man das zarte Fleisch in Scheiben schneiden, panieren und braten oder mit den unterschiedlichsten Saucen servieren.

Für 4 Personen
Zubereitungszeit: 2 1/2 Stunden

- 2 Kalbszungen (à 450 g)
- Salz, 1 Zwiebel, 1 Lorbeerblatt
- 2 Gewürznelken
- 1 Bund Suppengrün
- 6 Pfefferkörner
- 2 rote Paprikaschoten
- 2 Schalotten, 1 rote Peperoni
- 2 EL Olivenöl
- 1 EL Tomatenmark
- 1 TL Paprikapulver, edelsüß
- frisch gemahlener Pfeffer
- 1/4 l Sahne
- 1 Bund Schnittlauch

1. Die Zungen sorgfältig waschen und abbürsten. In einem Topf mit Wasser bedecken und zum Kochen bringen. Kurz ziehen lassen, dann die Zungen aus dem Wasser nehmen. Abspülen, erneut mit frischem Wasser bedecken und zum Kochen bringen. Salzen und bei schwacher Hitze etwa 1 1/2 Stunden köcheln lassen.
2. Die Zwiebel schälen und mit Lorbeerblatt und Nelken spicken. Das Suppengrün waschen und klein schneiden. Nach 30 Minuten zusammen mit den Pfefferkörnern in die Brühe geben.
3. Während die Zungen garen, die Paprikaschoten halbieren, entkernen und im 220° C heißen Backofen so lange rösten, bis die Haut braune Flecken bekommt. Aus dem Ofen nehmen, häuten und in Stücke schneiden. Die Schalotten schälen und wie die Peperoni in kleine Würfel schneiden.
4. Das Öl erhitzen und die Schalottenwürfel darin glasig dünsten. Die Hälfte der Paprikaschoten und die Peperoni hinzufügen und mitdünsten. Tomatenmark und Paprikapulver darunterrühren, mit Salz und Pfeffer würzen und mit Sahne und 1/8 l Kochbrühe aufgießen. Die Flüssigkeit um die Hälfte einkochen lassen.
5. Sobald die Zungen gar sind, aus der Brühe nehmen, unter kaltem Wasser abbrausen und die Haut abziehen.
6. Die Paprikasauce mit einem Pürierstab oder im Mixer so lange pürieren, bis sie leicht schaumig ist. Noch einmal würzig abschmecken und die restlichen Paprikastücke daruntermengen.
7. Die Zungen der Länge nach in Scheiben schneiden und mit dem Paprikaschaum servieren. Mit fein geschnittenem Schnittlauch bestreuen.

Pro Person:
Kalorien (kcal) 565
Eiweiß (g) 41
Fett (g) 39
Kohlenhydrate (g) 8

KALBSBRIES AUF GEMÜSE

Das zarte Fleisch vom Bries, der Thymusdrüse junger Kälber oder Lämmer, kommt nur dann richtig zur Geltung, wenn es sorgfältig vorbereitet wird. Vor dem Wässern sollten unbedingt alle Blutäderchen entfernt werden, damit das Bries schön weiß bleibt. Eine langwierige Arbeit, die sich aber lohnt! Bries müssen Sie beim Metzger meist vorbestellen!

Für 4 Personen
Einweichzeit: ca. 2 Stunden
Zubereitungszeit: 30 Minuten

- 700 g Kalbsbries
- Salz
- 1 Schalotte
- 1 Knoblauchzehe
- 1 große Möhre
- 1 kleiner Zucchino
- 1 Fleischtomate
- 60 g Butter
- 1/8 l trockener Weißwein
- 2 EL Crème fraîche
- etwa 2 EL Mehl
- 1/2 Bund Basilikum

1. Das Kalbsbries mit einem spitzen Messer von gröberen Blutäderchen befreien und ca. 2 Stunden in kaltes Wasser legen. Dabei das Wasser immer wieder erneuern.
2. In einen Topf geben, mit kaltem Salzwasser bedecken und zum Kochen bringen. Die Hitze abschalten und das Bries etwa 5 Minuten ziehen lassen.
3. Schalotte und Knoblauchzehe schälen und in kleine Würfel schneiden. Möhre und Zucchino waschen, putzen und erst der Länge nach in dünne Scheiben, dann quer in feine Streifen schneiden. Die Tomate blanchieren, häuten, halbieren, entkernen und in kleine Würfel schneiden.
4. 20 g Butter erhitzen und die Schalotten- und Knoblauchwürfel darin glasig dünsten. Möhren- und Zucchinistreifen dazugeben und mitdünsten. Mit Wein aufgießen und in wenigen Minuten bißfest kochen. Tomatenwürfel und Crème fraîche dazugeben und kurz durchkochen lassen.
5. Das Bries säubern und enthäuten, jedoch nicht zerteilen. In Scheiben schneiden und in Mehl wenden. Die restliche Butter erhitzen und die Briesscheiben darin etwa 2 bis 3 Minuten pro Seite braten. Auf dem Gemüse anrichten und mit feingeschnittenem Basilikum bestreuen.

Pro Person:
Kalorien (kcal) 310
Eiweiß (g) 32
Fett (g) 16
Kohlenhydrate (g) 5

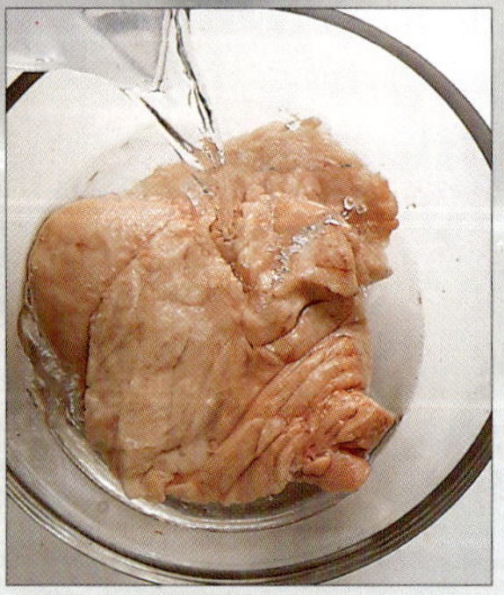

Bries vorbereiten
Von dem Bries die gröberen Blutäderchen mit einem spitzen Messer entfernen. Bries in kaltes Wasser legen, dabei das Wasser zwischendurch immer wieder erneuern.

Blanchieren
Das völlig entblutete Bries in einen Topf legen und mit Salzwasser bedecken. Zum Kochen bringen, dann die Hitze abschalten und etwa 5 Minuten ziehen lassen.

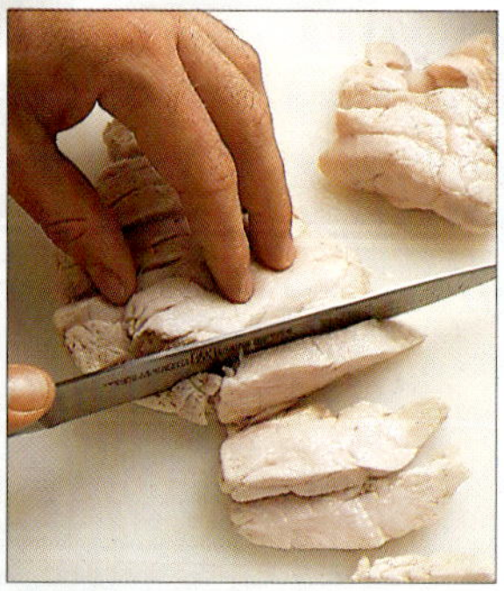

Weiterverarbeiten
Das Bries säubern und enthäuten, in Scheiben schneiden und braten oder die einzelnen Segmente aus den Häuten lösen und zu einem Ragout verarbeiten.

BRIES IM KRÄUTERMANTEL

Für 4 Personen
Einweichzeit: ca. 2 Stunden
Zubereitungszeit: 20 Minuten

700 g Kalbsbries
Salz
frisch gemahlener Pfeffer
2 EL Mehl
1 Knoblauchzehe
1 Schalotte
1 Bund Frühlingskräuter
2 Eier
50 g Butter

1. Das Bries vorbereiten, wässern und blanchieren (siehe Seite 23 oder 134). Abkühlen lassen, in Scheiben schneiden, mit Salz und Pfeffer würzen und in Mehl wenden.

2. Die Knoblauchzehe und die Schalotte schälen und in kleine Würfel schneiden. Die Frühlingskräuter fein hacken, die Eier verquirlen und alles miteinander vermischen.

3. Die Butter in einer beschichteten Pfanne erhitzen. Die Briesscheiben in der Ei-Kräuter-Mischung wenden und im heißen Fett bei mittlerer Temperatur etwa 3 bis 4 Minuten pro Seite braten.

Pro Person:
Kalorien (kcal) 350
Eiweiß (g) 35
Fett (g) 19
Kohlenhydrate (g) 4

HIRN MIT EI

Für 4 Personen
Einweichzeit: 30 Minuten
Zubereitungszeit: 20 Minuten

500 g Kalbshirn
4 Eier
1 Bund Petersilie, gehackt
Salz
frisch gemahlener Pfeffer
40 g Butter
2 EL Schalottenwürfel

1. Das Hirn vorbereiten, wässern und blanchieren (siehe Seite 23). Aus dem Wasser nehmen und trockentupfen. Mit einem großen, schweren Messer fein hacken.

2. Die Eier in einer Schüssel verquirlen, das gehackte Hirn und die Hälfte der gehackten Petersilie hinzufügen. Mit Salz und Pfeffer würzen.

3. Die Butter in einer beschichteten Pfanne erhitzen und die Schalottenwürfel darin glasig dünsten. Das Hirn hineingeben und unter Rühren stocken lassen. Mit der restlichen Petersilie bestreuen und mit einem kleinen Salat servieren.

Pro Person:
Kalorien (kcal) 415
Eiweiß (g) 28
Fett (g) 30
Kohlenhydrate (g) 3

KUTTELN IN TOMATEN-KRÄUTER-SUGO

Innereien sind im südlichen Teil Deutschlands besonders beliebt. In fast jeder Metzgerei kann man hier vorgekochte Kutteln – den Pansen, Vor- oder Netzmagen des Kalbs oder Rinds – kaufen. Die besten Rezepte kommen aber nach wie vor aus Frankreich und Italien. Hier eine der unzähligen Rezeptvarianten aus Italien!

Für 4 Personen
Zubereitungszeit:
1 Stunde 15 Minuten

- 1 kg vorgekochte, küchenfertige Kalbskutteln
- 50 g durchwachsener Räucherspeck
- 1 Zwiebel
- 2 Knoblauchzehen
- 1 große Möhre
- 2 Selleriestangen
- 600 g vollreife Tomaten
- 5 EL Olivenöl
- 1 Rosmarinzweig
- 2 Thymianzweige
- 4 Salbeiblätter
- Salz
- frisch gemahlener Pfeffer
- 100 ml Rotwein
- 1/2 Bund Basilikum
- 1/2 Bund Petersilie
- 50 g frisch geriebener Parmesan

1. Die Kutteln in schmale Streifen, den Räucherspeck in Würfel schneiden. Zwiebel und Knoblauchzehen schälen, Möhre und Selleriestangen waschen und putzen. Alles in kleine Würfel schneiden. Die Tomaten blanchieren, häuten und in Stücke schneiden.

2. Das Öl in einem Schmortopf erhitzen und das Gemüse darin andünsten. Die Kutteln dazugeben und unter Rühren etwa 10 Minuten anbraten. Rosmarin, Thymian und Salbei zu einem Sträußchen zusammenbinden und zu den Kutteln geben. Die Tomaten hinzufügen, mit Salz und Pfeffer würzen und mit Wein aufgießen. Zugedeckt 45 Minuten bei schwacher Hitze köcheln lassen.

3. Das Kräutersträußchen aus dem Topf nehmen. Basilikum und Petersilie fein hacken und zum Schluß unter das Kuttelragout mischen. In eine Schüssel füllen und dick mit Parmesan bestreut servieren.

Pro Person:
Kalorien (kcal) 535
Eiweiß (g) 52
Fett (g) 30
Kohlenhydrate (g) 7

Rohe Kutteln haben eine sehr lange Garzeit. Bei Rinderkutteln kann es bis zu 10 Stunden, bei Kalbskutteln 3 bis 4 Stunden dauern, bis sie richtig schön weich sind. Aus diesem Grund sind sie meist schon vorgekocht im Handel.

BAYERISCHES KALBSLÜNGERL

Früher waren Lüngerl, auch Beuschel oder Lungenhaschee genannt, in Bayern ein sogenanntes »Voressen«, eine Art Vorspeise oder kleines Zwischengericht. Nach alter Tradition wurden bei Beerdigungen für die Trauergäste Lüngerl zubereitet und zusammen mit Semmelknödel auf den Tisch gebracht!

Für 4 Personen
Marinierzeit: 1 Tag
Zubereitungszeit: 2 1/2 Stunden

- 500 g küchenfertige Kalbslunge
- 400 g küchenfertiges Kalbsherz
- 2 Zwiebeln
- 1 Bund Suppengrün
- Salz, 2 Lorbeerblätter
- 3 Wacholderbeeren
- 4 Pfefferkörner
- 40 g Schweineschmalz
- 1/2 TL Zucker
- 2 EL Mehl
- 100 ml Rotweinessig
- frisch gemahlener Pfeffer
- 2 EL gehackte Petersilie
- 4 EL Schlagsahne

1. Die Lunge und das Herz in einen Kochtopf geben und mit 2 l Wasser begießen. Die Zwiebeln schälen, das Suppengrün waschen und in Stücke schneiden. Mit Salz und den Gewürzen hinzufügen. Zum Kochen bringen und bei schwacher Hitze etwa 1 1/2 Stunden köcheln lassen.

2. In der Kochflüssigkeit abkühlen lassen und 1 Tag kalt stellen.

3. Lunge und Herz von Knorpeln, Fett und Adern befreien und in feine Streifen schneiden. Die Brühe durch ein Sieb gießen und aufbewahren.

4. Das Schmalz in einem Schmortopf erhitzen und den Zucker darin leicht karamelisieren lassen. Das Mehl darüberstreuen und goldbraun rösten. Mit 1/2 l der Kochflüssigkeit aufgießen, kräftig durchrühren und bei schwacher Hitze etwa 10 Minuten köcheln lassen.

5. Mit Essig, Salz und Pfeffer säuerlich-würzig abschmecken und die kleingeschnittenen Innereien dazugeben. Kurz durchziehen lassen und noch einmal abschmecken.

6. Vor dem Servieren die Petersilie und die steifgeschlagene Sahne darunterziehen. Im Suppenteller mit je einem Semmelknödel servieren.

Pro Person:
Kalorien (kcal) 380
Eiweiß (g) 39
Fett (g) 20
Kohlenhydrate (g) 5

Sehr gut schmeckt es, wenn man zum Schluß in feine Streifen geschnittene Essiggürkchen oder Kapern darunterermischt!

KÜCHENLEXIKON

Ablöschen (Deglacieren): Angebratenes Fleisch, geröstetes Gemüse, aber auch Bratensatz oder Mehlschwitze mit Flüssigkeit, z. B. Brühe oder Wein, begießen und weiterkochen bzw. schmoren.

Aceto Balsamico (ital.): Berühmter Balsamessig aus Modena, der über Jahrzehnte in alten Weinfässern heranreift. Dabei bekommt er eine braune Farbe, verliert jede agressive Schärfe und entwickelt ein volles, würziges Aroma. Im Handel wird meist ein Verschnitt angeboten.

Amontillado-Sherry: Weiterentwicklung des Fino-Sherrys, etwas dunkler und vollmundiger im Geschmack, bernsteinfarben, wird bei Zimmertemperatur getrunken.

Arborioreis: Neben Vialonereis der bekannteste klassische Risottoreis. Dickliche, große Körner, die breiartig verkochen, aber dennoch ihren Biß behalten.

Armagnac: französischer Qualitätsbranntwein aus dem Armagnac-Gebiet, dem Herzstück der Gascogne im Südwesten Frankreichs; hervorragender feiner und milder Geschmack.

Backen: Garen und Bräunen in heißer Luft.

Bardieren: Das Bratgut mit dünnen, fetten Speckscheiben umbinden und braten, damit ein Austrocknen verhindert wird. Kurz vor Schluß den Speck abnehmen und das Bratgut bräunen lassen.

Batate: Süßkartoffel; stärkereiche Knolle eines Windengewächses, in Afrika, USA und Südasien angebaut; sie wird zubereitet wie Kartoffeln und auch an ihrer Stelle gegessen.

Béchamelsauce (Sauce Béchamel): Helle gebundene Grundsauce, die aus einer hellen Mehlschwitze unter Mitverwendung von Milch zubereitet wird.

Beizen: Lebensmittel werden in Marinaden aus Essig, Rotwein oder Buttermilch mit zahlreichen Gewürzen und Zwiebel eingelegt. Der Geschmack der Lebensmittel wird abgewandelt (z. B. Sauerbraten) oder gemildert (z. B. ein strenger Wildgeschmack), das Fleisch wird mürbe (s. a.: Marinieren).

Blanchieren: Lebensmittel kurz in Salzwasser kochen oder vor dem Weiterverarbeiten mit heißem Wasser übergießen, danach evtl. in kaltem Wasser abschrecken.

Brät: Pürierte, pikant gewürzte Rohmasse aus Rind-, Kalb- und Schweinefleisch für Würste, Klöße und Farcen.

Braisieren: Schmoren.

Braten: Garen und Bräunen in heißem Fett im offenen Topf.

Calvados: Französischer Apfelbranntwein aus der Normandie, wird manchmal doppelt gebrannt wie ein Cognac; lagert 6 Jahre in Eichenfässern und entfaltet erst nach dieser Zeit der Reife seine volle Qualität. Alkoholgehalt 38 bis 50 Vol.%.

Cilantro: Frisches Grün der Korianderpflanze, auch Chinesische Petersilie genannt. Das Grün gehört in viele exotische Gerichte. Beim Trocknen verliert es sein Aroma, läßt sich jedoch gut einfrieren.

Cognac: Qualitätsbranntwein aus Frankreich mit einem Mindestalkoholgehalt von 40 Vol.%; ausschließlich aus Weinen aus der Charente an der Atlantikküste; unterliegt strengen Vorschriften, wie dem Doppelbrenngang, einer Mindestlagerung von 3 1/2 Jahren in einer bestimmten Faßart.

Crème double (Doppelrahm): Dicke Sahne mit mindestens 40 % Fettanteil.

Crème fraiche: Dickflüssiger Sauerrahm mit 30 % Fettanteil; wird manchmal mit Jo-ghurt vermischt, es werden auch Dickungsmittel zugesetzt.

Croûtons: In Form geschnittene und in Butter geröstete Weißbrotscheiben, z. B. Brotwürfel oder ausgehöhlte dickere Brotscheiben, die zum Füllen geeignet sind.

Curry: Indische Gewürzmischung aus mindestens 12 feingemahlenen Ingredienzien. Auch: Bezeichnung für ostasiatische, mit Curry gewürzte Gerichte.

Dämpfen: Garen in Wasserdampf in einem geschlossenen Topf mit besonderem Sieb- oder Gittereinsatz.

Denaturieren: Die in Lebensmitteln enthaltenen Eiweißstoffe verändern, meistens durch zu große Hitze, ihre Struktur und Eigenschaften, sie flocken aus bzw. gerinnen.

Dijon-Senf: Scharfer französischer Senf aus nicht entölten schwarzen oder braunen Senfkörnern.

Dressieren: Lebensmittel vor dem Braten, Kochen oder Grillen in eine gefällige Form bringen. Ein Herausquellen der Füllung wird verhindert.

Dünsten: Garen in wenig Flüssigkeit, Fett oder im eigenen Saft bei geringer Temperatur.

Entfetten: Abschöpfen der Fettschicht von Brühen, Saucen, Fonds. Dafür die Flüssigkeit abkühlen lassen, das erstarrte Fett kann dann abgenommen werden. Oder: Das Fett bei heißer Flüssigkeit mit einem großen Löffel oder Küchenpapier abnehmen.

Entrecôte (Zwischenrippenstück): Wird in einer Scheibe vom flachen Roastbeef geschnitten. Dickere Scheiben werden als Entrecôte double bezeichnet. Je dicker die Scheiben, desto knuspriger ist das Fleisch außen, während es innen noch fast roh ist.

Essenz: Stark eingekochte Brühe, konzentrierter Fond aus Fleisch oder Fisch, Geflügel, Wild, Champignons bzw. Trüffeln.

Farce: Fleisch, Fisch, Krustentiere, Gemüse usw. feingehackt, durch den Wolf gedreht oder püriert, mit Rahm und Eiern gebunden und mit Butter sowie Gewürzen verfeinert. Sie kann mit Weißbrot gelockert werden und dient zum Füllen von Pasteten, Fleisch und Geflügel.

Feta (griech.): Weichkäse aus Schafsmilch oder einem Gemisch aus Schafs-, Ziegen- und Kuhmilch, reift in einer Salzlake.

Filetieren, auch filieren: Filets aus Knochen und Gräten lösen. Auch: Die Segmente von Zitrusfrüchten aus den Trennhäuten lösen.

Filet mignon: Fleischscheibe aus der Spitze von Rinder-, Schweine- oder Kalbsfilet geschnitten. Werden auch als Lendchen bezeichnet.

Flambieren: Ein hochprozentiger Alkohol wird löffelweise über Speisen gegossen und angezündet. Die Aromastoffe dringen dabei in die Speisen ein, der Alkohol verbrennt.

Fond: Konzentrat mit allen Geschmacksstoffen, das beim Kochen, Dünsten und Braten der Speisen gewonnen wird. Basis einer jeden guten Sauce.

Fritieren: In 180° C heißem Fett schwimmend ausbacken bzw. bräunen.

Glasieren: Dem Gericht wird eine glänzende Oberfläche gegeben. Fleisch, Wild und Fisch werden mit Glace bestrichen bzw. mit dem eigenen Fett übergossen. Gebäck und Torten werden mit Aprikosenmarmelade überzogen.

Grappa (ital.): Tresterbranntwein, gebrannt aus den bei der Kelterung anfallenden Rückständen.

Gratinieren: Überbacken bei starker Oberhitze, bis eine braune Kruste entstanden ist.

Grillen: Garen mit oder ohne Fettzugabe durch Strahlungshitze oder Kontakthitze.

Hoi-sin-Sauce (Peking-Sauce, chin.): Dicke braunrote Würzsauce aus Soja, Knoblauch, Chili u. a. Gewürzen, süß und scharf im Geschmack.

Holländische Sauce (Sauce Hollandaise): Eigelb und geklärte Butter werden im Wasserbad aufgeschlagen; die Sauce wird mit Wein, Zitronensaft, Salz und Pfeffer verfeinert.

Julienne: Feingeschnittenes streifenförmiges Gemüse in Streichholzlänge. Von Zitrusfrüchten werden mit einem Julienneschneider feine Streifen von der Schale abgezogen.

Karamelisieren: Bräunen und schmelzen von Zuckerarten, z. B. Haushaltszucker oder Puderzucker, durch Erhitzen.

Keimöl: Ein hochwertiges, geschmacksneutrales Keimöl wie z.B. Mazola ist in der leichten Fleischküche zum Braten, Schmoren und Sautieren zu empfehlen. Mazola Keimöl hat einen hohen Gehalt an Pflanzenkeimwirkstoffen, insbesondere die mehrfach ungesättigte Linolsäure und Vitamin E. Es ist cholesterinfrei und gut bekömmlich. Um die wertvollen Inhaltsstoffe zu schützen, wird Keimöl mit größter Sorgfalt gewonnen, d.h. aus frischen Keimen des Korns gepreßt, schonend gereinigt und luftdicht in Glasflaschen abgefüllt.

Klären: Flüssigkeiten von allen Trübstoffen befreien. Dazu Eiweiß vom Hühnerei in die heiße Flüssigkeit einrühren, damit das gerinnende Eiklar alle Partikel bindet und sich an der Oberfläche absetzt. Abschöpfen und die noch heiße Flüssigkeit durch ein Tuch seihen. Butter erhitzen, sich bildenden Schaum entfernen und die Butter vorsichtig ohne den eiweißhaltigen Bodensatz abgießen.

Kochen: Garen in reichlich siedender Flüssigkeit.

Kurkuma: Zur Familie der Ingwergewächse zählende Pflanze aus Ostasien, deren Wurzel zermahlen als Würze dient. Das lichtempfindliche, gelbe Pulver ist scharf, doch sehr aromatisch. Es ist wichtiger Bestandteil des Curry.

Lardieren: Mageres Fleisch im Gewebe in Faserrichtung mit Speckstreifen marmorieren; die Streifenenden bleiben nicht an der Oberfläche (s. a.: Spicken).

Legieren: Sämigmachen von Suppen und Saucen durch Zugabe von Eigelb oder auch Sahne. Danach nur noch vorsichtig erwärmen, da sonst die Eiweißstoffe denaturieren.

Madeira: Likörwein der portugiesischen Insel Madeira; wird je nach Traubenart in 4 Arten unterteilt (mild bis sehr süß). Besonderheit: Der fertige Wein wird auf 45° C erhitzt; der Wein reift dadurch sehr schnell.

Marinieren: Lebensmittel in eine Marinade einlegen und darin ziehen lassen. Das Fleisch wird aromatisiert, die Haltbarkeit und Struktur verbessert sich (s. a.: Beizen).

Marsala (ital.): Likörwein aus den Grillo- und Cataratto-Trauben; die Weine werden während des Gärens mit Alkohol angereichert, wodurch der Gärprozeß gestoppt wird und der Wein einen Großteil seines Restzuckers behält .

Montieren: Suppen oder Saucen werden durch Schlagen mit einem Schneebesen unter Zugabe kalter Butterflöckchen gebunden.

Mozzarella (ital.): Frischkäse aus Kampanien, der aus Büffelmilch hergestellt und in einer Lake angeboten wird; heute oftmals aus Kuhmilch hergestellt.

Noilly-Prat: Französischer Wermutwein; Aperitif.

Panieren: Verschiedenste Lebensmittel werden mit Mehl, Eigelb und Semmelbröseln überzogen und in heißem Fett ausgebacken. Die Panade wird knusprig gebraten, das Bratgut bleibt saftig.

Parieren: Fleisch und Fisch von Haut, Fett und Sehnen befreien und sauber zurechtschneiden.

Pecorino (ital.): Schnitt- oder Hartkäse aus Schafsmilch, pikant im Geschmack; Sorten: romano und siciliano; wird als Tafel- oder Reibekäse verwendet.

Pfannenrühren: Gartechnik in der chinesischen Küche. In feine Streifen oder Würfel geschnittene Zutaten werden im Wok bei sehr starker Hitze in Öl portionsweise schnell angebraten bzw. gerührt. Dadurch schließen sich die Poren der Zutaten rasch. Aroma, Farbe und Saft bleiben erhalten, Gemüse behält den Biß.

Piment: Vor der Reife gepflückte Beerenfrüchte des Nelkenpfeffer-Baumes werden gemahlen und als Gewürz, das im Geschmack und Geruch an Zimt, Nelken und Muskat erinnert, angeboten.

Pinienkerne: Weiße stiftförmige Samenkerne (eßbare Ölsamen) des in den Mittelmeerländern heimischen Pinienbaumes; schmecken ähnlich wie Mandeln.

Pochieren (Garziehen): Garen knapp unter dem Siedepunkt, besonders bei sensiblem Kochgut wie Fisch, Bries, Austern, Eier, Geflügel, usw.

Pökeln: Haltbarmachen von Fleisch und Fleischerzeugnissen durch Kochsalz und gleichzeitige Zugabe von Umrötestoffen, welche die haltbarkeitsverlängernde Wirkung von Kochsalz verbessern und den Fleischfarbstoff in hitzebeständiges Pökelrot umwandeln.

Pumpernickel: Brotsorte aus Roggenbackschrot oder Roggenvollkornschrot, die in geschlossenen Backkästen bei einer Backzeit von mindestens 16 Stunden in Dampf hergestellt wird.

Reduzieren: Einkochen, verringern einer Flüssigkeitsmenge durch leichtes Kochen lassen.

Sambal (indones.): Küchenfertige Würzpaste, sehr scharf, die den Gerichten eine pikante Note gibt; wird auch zur indonesischen Reistafel gereicht. Als Sambal Badjak (mit Crevettenpaste), Sambal Oelek (scharf), Sambal Manis (süßlich) usw. im Handel erhältlich.

Saucen binden: Das Binden von Saucen kann auf verschiedene Arten erfolgen, z. B. mit Mehl oder Speisestärke. Moderner und einfacher ist das Binden mit Mondamin Fix-Soßenbinder. Dieses Saucenbindemittel auf der Basis von Stärke und Reismehl bindet verzögert: Diese Stärke quillt und verkleistert lang-samer als reine Speisestärke oder Mehl. Deshalb kann Fix-Soßenbinder als trockenes Produkt – ohne Anrühren – direkt in die kochende Flüssigkeit eingestreut werden, ohne daß Klümpchen entstehen. Kochzeit: 1 Minute.

Sautieren: In einer Stielkasserolle kleine, flachgeschnittene Scheiben von Fleisch, Wild, Geflügel und Fisch unter Schwenken rasch anbraten. Auch Gemüse schwenkt man so in Fett.

Schmoren: Anbraten und Bräunen in heißem Fett, Weitergaren nach der Zugabe von wenig kochender Flüssigkeit im geschlossenen Topf.

Schweinenetz: Die weiche fetthaltige Falte des Bauchfells wird gewässert, trockengetupft und zum Umwickeln von Nahrungsmitteln verwendet, die ihre Form behalten oder nicht austrocknen (z. B. mageres Fleisch) sollen; wird beim Grillen, Braten oder Backen knusprig braun.

Speisestärke: Feine Speisestärke, z. B. Mondamin, wird gerne in der chinesischen Fleischküche zum Marinieren eingesetzt, da sie im Gegensatz zu Mehl geschmacksneutral ist und der Speise den Eigengeschmack beläßt. Verrührt mit Sojasauce, Sherry oder Öl überzieht sie das Fleisch wie einen feinen Film und es bleibt zart und saftig.

Spicken: Speckstreifen werden mit Hilfe einer Spicknadel in mageres Fleisch eingezogen, so daß die Enden hervorschauen (Vergleich: Lardieren). Das Fleisch bleibt so saftiger. Durch Spicken mit Trüffel-, Käse-, Sardellenstreifen oder Mandeln wird der Wohlgeschmack gehoben.

T-Bone-Steak: Eine Fleischscheibe, die etwa 4 cm dick bei einem Gewicht von ca. 700 g mit dem T-förmigen Knochen aus dem Rinderrippenstück geschnitten wird.

Tournieren: Gemüse wird in gleichmäßige, dekorative Formen zurechtgeschnitten.

Wasserbad (Bain-marie): In einen Topf mit wenig siedendem Wasser wird ein zweiter Topf oder eine spezielle Metallschüssel gehängt, die nur durch den Dampf erhitzt wird; empfindliche Cremes und Saucen werden darin aufgeschlagen.

Wok: Pfanne mit hochgezogenem Rand und gerundetem Boden aus unterschiedlichen Materialien; ermöglicht das Anbraten und Warmhalten in einem Topf; wird in der chinesischen Küche vor allem zum Pfannenrühren verwendet.

Zeste: Hauchdünn abgeschälte Schale von Zitrusfrüchten, in feine Streifen geschnitten (s. a.: Ziselieren, Julienne).

Zimt: Rinde eines tropischen Lorbeergewächses, das in Ostasien beheimatet ist. Mehrere Blätter von der Innenrinde junger Triebe werden übereinandergelegt, eingerollt und dann getrocknet, wobei die gelblich-braune Farbe erhalten bleibt. Bekannteste Sorte: Ceylon-Zimt.

Ziselieren: Gemüse wird mit einem Spezialmesser (Zestenreißer oder Julienneschneider) in hauchdünne Streifen geschnitten; von Zitrusrüchten werden von der Schale feine Streifen abgezogen (s. a.: Julienne). Auch: Leichtes Einschneiden von kleinen Fischen, um ein Platzen während des Garens zu verhindern.

ALPHABETISCHES REZEPTREGISTER

SACHREGISTER

Warenkunde

Kochen

Schmoren

Pfanne und Wok

Backofen

Grillen

Innereien

Pete A. und Susi Eising betreiben seit 1979 gemeinsam ein Fotostudio in München. Seit vielen Jahren haben sie sich auf das Gebiet Essen und Trinken spezialisiert und zählen heute zu den führenden Foodfotografen Deutschlands.

Monika Kellermann ist Ernährungsberaterin und arbeitet seit Jahren als freie Foodjournalistin und Buchautorin. Sie verfaßte für die »Reihe mit dem Löffel« bereits die Bücher GEMÜSE, VORSPEISEN, GEFLÜGEL und SALATE. Monika Kellermann lebt bei München.